# ABC der Tiere 3

# Sprachbuch

Herausgegeben von
**Klaus Kuhn**

Bearbeitet von
**Klaus Kuhn, Kerstin Mrowka-Nienstedt**

Illustriert von
**Heike Treiber**

D1664456

**Mildenberger**

# Inhalt

● Sprechen und Zuhören   ● Lesen – mit Texten und weiteren Medien umgehen   ● Schreiben   ● Sprachgebrauch und Sprache untersuchen und reflektieren

# Inhalt

● Sprechen und Zuhören  ● Lesen – mit Texten und weiteren Medien umgehen  ● Schreiben  ● Sprachgebrauch und Sprache untersuchen und reflektieren

# Inhalt

• Sprechen und Zuhören    • Lesen – mit Texten und weiteren Medien umgehen    • Schreiben    • Sprachgebrauch und Sprache untersuchen und reflektieren

# Inhalt

● Sprechen und Zuhören    ● Lesen – mit Texten und weiteren Medien umgehen    ● Schreiben    ● Sprachgebrauch und Sprache untersuchen und reflektieren

## Lernen lernen

## Quellenverzeichnis

## Übersicht der Themenbereiche im Lesebuch und Sprachbuch

# Die Symbole bedeuten

 Klassengespräch

 Partner- oder Gruppenarbeit

 Ich – Du – Wir

 Über Lernen sprechen

 Rollenspiel

 **Die Schatztruhe**

In der Schatztruhe befinden sich Regeln oder die Erklärung wichtiger Begriffe.

 **Der Methodenkoffer**

Der Methodenkoffer beschreibt verschiedene Methoden zur Erarbeitung eines Themas oder zur Lösung eines Rechtschreibproblems.

Die Symbole für den Unterrichtseinsatz sind Empfehlungen. Auch bei den Aufgaben ohne Symbol kann die Sozialform an den Unterrichtsverlauf angepasst werden.

# Wir sind in Klasse 3 – Sprechen und Zuhören

Die Schülerinnen und Schüler der Klasse 3c überlegen zu Beginn des neuen Schuljahres, was ihnen in Klasse 2 gut gefallen hat und was sie im neuen Schuljahr ändern wollen.

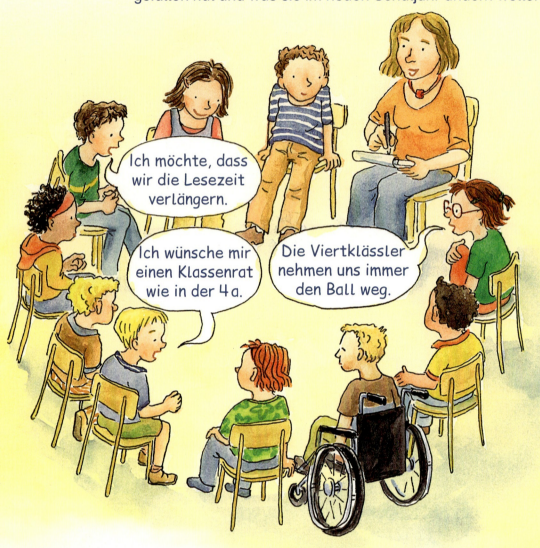

1. Sprecht über die Beiträge der Kinder.

2. Wie haben die Kinder mit ihren Beiträgen die Wandzeitung gestaltet?

3. Bereitet eine Wandzeitung für eure Vorschläge vor.

4. Schreibe auf bunte Kärtchen in gut lesbarer Druckschrift:
   - Was hat dir in Klasse 2 gefallen?
   - Was hat dir nicht gefallen?
   - Welche Vorschläge hast du für das 3. Schuljahr?

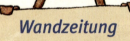

### Wandzeitung

Auf der Wandzeitung werden wichtige Anliegen der Klasse festgehalten und zur Diskussion gestellt. Sie regelt das Miteinander.

Meine Idee ist, …

Mir hat nicht gefallen, …

Mir hat gut gefallen, …

5. Hefte deine Karten in die entsprechende Spalte eurer Wandzeitung und stelle sie vor.

6. Besprecht die einzelnen Vorschläge. Begründet eure Meinung.

7. Stimmt ab, welche Ideen für euch am wichtigsten sind.

8. Erstellt eine Hitliste.

**Hitliste**

1. Klassenrat ЦНΙ ΙΙ
2. Pausengestaltung ЦНΙ Ι
3. Theater ΙΙΙΙ
4. Pausenstreit ΙΙΙΙ
5. Lesezeit ΙΙΙ

# Gespräche wertschätzend führen – Regeln

A) — ... als ich zu Edon ging ... — Und ich war gestern im Kino!

B) — In der Pause wurde ich in eine Pfütze geschubst. — Ha, ha, du hattest sogar in den Haaren Matsch!

C) — Ich finde, dass wir zu viele Hausaufgaben haben. — So ein Quatsch! Du bist bloß zu langsam.

D) — ? — ?

 1. **Ich:** Betrachte die Bilder. Kennst du ähnliche Situationen?

**Du:** Spielt verschiedene Gesprächsszenen.
Wie fühlt ihr euch dabei? Tauscht euch aus.
Wie soll ein Gespräch sein, damit sich jeder wohlfühlt?
Schreibt Stichwörter auf ein Blatt.

**Wir:** Stellt eure Ergebnisse vor.
Formuliert gemeinsam Regeln für ein gutes Gespräch
und gestaltet ein Plakat.

> **Unsere Gesprächsregeln**
> • Wir lassen uns gegenseitig ausreden.
> • ...

2. Wie wollt ihr euch verhalten, wenn ein Kind die Regeln nicht beachtet?

3. Sprecht über eure Pausenerlebnisse.
Habt ihr die Gesprächsregeln beachtet?

# Gespräche wertschätzend führen – Klassenrat

In jeder Klasse gibt es viel zu besprechen und zu beschließen.
Die Lehrerin hat Tim aus der 4a eingeladen.
Er berichtet über den Klassenrat.

Bei uns gibt es einen Klassenbriefkasten.
Hier kann jeder einen Zettel mit Wünschen,
Beschwerden oder Ideen einwerfen.

Jeden Freitag halten wir Klassenrat.

Wir besprechen, was auf den Zetteln steht.

Jeder kann seine Meinung äußern.

Gemeinsam überlegen wir, was wir beschließen.

Ich notiere Schlüsselwörter.

Die Beschlüsse sammeln wir in unserem Klassenratsordner.

1. Wie führt Tims Klasse eine Klassenratssitzung durch?
   Wie merken sich die Schüler, was Tim berichtet?

2. Wie wollt ihr eure Klassenratssitzung durchführen?
   Notiert Schlüsselwörter.

3. Schreibt die Vereinbarungen auf:

> **Unser Klassenrat**
>
> Jeder schreibt seine Wünsche, Beschwerden
> oder Ideen auf einen Zettel.
>
> Der Klassenrat trifft sich jeden …

# Nomen und Artikel

TIMO III
KARIN ꟼꟼꟼꟼ II
EDON III
MAX II
AMIRA

**KARIN WIRD KLASSENSPRECHERIN**

*DIE KINDER WOLLEN EINEN KLASSENSPRECHER WÄHLEN. SIE SCHREIBEN NAMEN AUF KARTEN UND STECKEN SIE IN EINE DOSE. XAVER LIEST DIE NAMEN VOR. SARA SCHREIBT DIE NAMEN AN DIE TAFEL UND MACHT STRICHE. KARIN WIRD SIEGER. ALLE SCHÜLER UND SCHÜLERINNEN KLATSCHEN IN DIE HÄNDE. DIE LEHRERIN SCHREIBT KARINS NAMEN IN DAS KLASSENBUCH.*

## Nomen

bezeichnen:
- Menschen
- Tiere
- Pflanzen
- Dinge
- Gefühle und anderes, das man nicht sehen kann.

Nomen schreiben wir immer groß.
Nomen gibt es in der Einzahl und in der Mehrzahl.
Vor Nomen stehen oft Artikel.

## Artikel

stehen oft vor Nomen.
- bestimmte Artikel: der, die, das
- unbestimmte Artikel: ein, eine

1. Welche Wörter sind Nomen? Begründet.

2. Schreibe die Nomen aus dem Text mit dem bestimmten und dem unbestimmten Artikel auf:

   die Klassensprecherin – eine Klassensprecherin

3. Schreibe den Text richtig auf.

4. Welche Wörter sind Nomen? Schreibe sie jeweils mit dem bestimmten Artikel in der Einzahl und in der Mehrzahl so auf:

   der Finger – die Finger

   | finger | gefühl | klein | angst | zu |
   |---|---|---|---|---|
   | außer | meinung | gesicht | mein | mensch | gedanke |

5. Vergleiche das Ergebnis mit einem Partner. Wie heißt der Artikel in der Mehrzahl?

6. Nenne ein Wort. Dein Partner begründet, ob es ein Nomen ist oder nicht.

Klassensprecherin

Klassensprecherin ist ein Nomen, weil …

# Wörter bestehen aus Silben

1. Sprecht über den Bau der Häuschen A, B und C.

2. Wie unterscheiden sich die Wörter in den drei Häuschen?
   - Werden die Vokale in der betonten Silbe lang oder kurz gesprochen?
   - Bei welchen Wörtern hört ihr die Trennung zwischen den Silben gut?

3. Ordne die Wörter den Häuschen A, B oder C zu.
   Trage die Wörter in eine Tabelle ein:

   | Häuschen A | Häuschen B | Häuschen C |
   |---|---|---|
   | Nase | | |

   | | | | |
   |---|---|---|---|
   | Nase | kommen | melden | Zimmer |
   | fallen | geben | Kinder | werfen |
   | rufen | Wagen | können | merken |

4. Suche im Wörterbuch zu jedem Häuschentyp drei Wörter und schreibe sie auf.

5. Lies einem Partner die Wörter vor. Dein Partner ordnet die Wörter den Häuschen A, B oder C zu und begründet.

# Nomen mit der Endung -ung

Wortstamm ↑ Endung

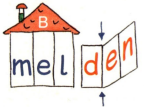

1. Was fällt euch bei den Wörtern an der Tafel auf? Wie werden sie gebildet?

2. Schreibe die Nomen von der Tafel mit dem bestimmten Artikel in der Einzahl und in der Mehrzahl auf:

   die Meinung – die Meinungen

3. Bilde Nomen mit der Nachsilbe -ung:

   rechnen – eine Rechnung

   | | | | |
   |---|---|---|---|
   | rechnen | erzählen | erklären | entschuldigen |
   | zeichnen | aufregen | wiederholen | wandern |

4. Ergänze die Sätze mit einem passenden Nomen aus Aufgabe 3.

   *Amira malt. Die* ❓ *ist schön.*

   *Die Zahl ist falsch. Die* ❓ *stimmt nicht.*

   *Max tut es leid. Marie nimmt die* ❓ *an.*

   *Morgen hat Sophie Geburtstag. Sie kann vor* ❓ *nicht schlafen.*

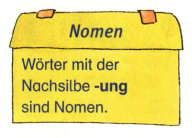

**Nomen**

Wörter mit der Nachsilbe **-ung** sind Nomen.

# Verben

 1. Was machen die Kinder in der Pause? Erzählt.

2. Immer drei Formen gehören zusammen. Schreibe so:

   spielen – ich spiele – er spielt

   | | | | |
   |---|---|---|---|
   | spielen | ich spanne | ich prelle | treffen |
   | er prellt | hüpfen | ich treffe | sie hüpft |
   | werfen | sie spannt | prellen | ich spiele |
   | spannen | ich werfe | er trifft | er wirft |
   | er spielt | ich hüpfe | | |

   **Verben**

   sagen, was jemand tut oder was geschieht.
   Wir schreiben sie klein.

3. Schreibe den Text ab und ergänze mit Verben aus Aufgabe 2.

   ### Pausenspiele

   In der großen Pause ❓ sich alle Kinder im Schulhof.

   Timo ❓ den Ball und ❓ den Korb.

   Sara und Susi ❓ ein Gummiband um die

   Beine und Karin ❓.

   Max, Edon und Julia ❓ Fußball.

4. Was machst du in der Pause? Schreibe einen kleinen Text.

5. Stelle deinen Text in der Gruppe vor.

# Personalformen – Pronomen

**Verben** haben eine **Grundform** und verschiedene **Personalformen**.

**Pronomen**

**ich, du, er/sie/es, wir, ihr, sie** stehen für **Nomen**.

*„pro"* ist lateinisch und bedeutet *„für"*.

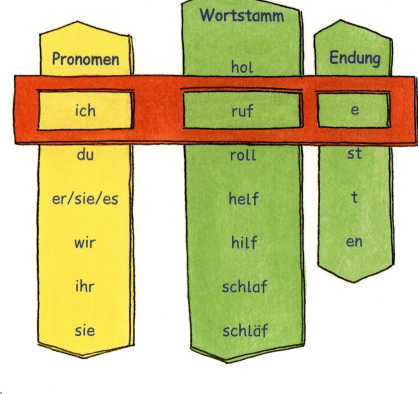

| Pronomen | Wortstamm | Endung |
|----------|-----------|--------|
|          | hol       |        |
| ich      | ruf       | e      |
| du       | roll      | st     |
| er/sie/es| helf      | t      |
| wir      | hilf      | en     |
| ihr      | schlaf    |        |
| sie      | schläf    |        |

Wortstamm ↑ Endung

Der Wortstamm ist bei Verben mit Doppelkonsonanten wichtig, weil …

1. Welche Personalformen könnt ihr bilden? Welche Endungen haben diese Personalformen?

2. Schreibe zu den Wortstämmen alle Personalformen: ich rufe, du rufst, er/sie/es …

3. Bilde die er-Form. Beachte den Doppelkonsonanten: rennen – er rennt

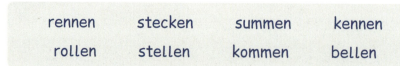

| rennen | stecken | summen | kennen |
|--------|---------|--------|--------|
| rollen | stellen | kommen | bellen |

4. Warum ist die Bildung des Wortstamms bei Verben mit Doppelkonsonanten wichtig? Begründet.

5. Bei manchen Personalformen wird aus dem Vokal a der Umlaut ä und aus dem Zwielaut au der Umlaut äu: fahren – du fährst – er fährt

| fahren | tragen | schlafen | fangen  |
|--------|--------|----------|---------|
| fallen | lassen | laufen   | waschen |

6. Sage eine Personalform, dein Partner nennt die passende Grundform: du trennst – trennen

# Pronomen – Partnerdiktat

1. Welche Pronomen fehlen im Text?
   Lies laut.

### Verabredung zum Fußball

Lukas hat Langeweile.  ❓ ruft seinen Freund Malte an:

„Hallo Malte, hast ❓ heute Nachmittag Zeit?

❓ wollen Fußball spielen. Hast ❓ Lust?"

„Toll, ❓ komme sofort und bringe den neuen Ball

mit", antwortet Malte.

„Also dann, bis nachher", verabschiedet sich Lukas.

Kurz darauf treffen ❓ sich auf dem Bolzplatz.

2. Schreibe den Text mit den passenden Pronomen ab.
   Unterstreiche die Nomen gelb, die Verben grün.

| ich | du | sie | wir | er | du |
|-----|----|----|----|----|----|

3. Schreibe aus dem Text die Personalformen der Verben auf
   und bilde die Grundform:

   er hat – haben, er ruft – …

4. Schreibe den folgenden Text als Partnerdiktat:
   Beachte die Regeln am Rand.

### Auf dem Fußballplatz

Malte fährt am Nachmittag / zum Fußballplatz.

Dort trifft er / viele Kinder aus seiner Klasse.

Sie wollen Fußball spielen.

Deshalb beschließen sie / zwei Mannschaften zu
wählen.

Der Ball / rollt schnell / über den Platz.

Bald fällt ein Tor.

Dabei trifft der Ball / Malte am Kopf.

Vor Schmerz / schreit er laut auf.

Sofort eilt Lukas herbei / und entschuldigt sich /
bei seinem Freund.

### Partnerdiktat

- Lies deinem Partner
  zuerst den ganzen
  Satz vor. Diktiere
  dann bis zum
  Schrägstrich usw.
- Danach diktiert dein
  Partner den Text.
- Tauscht die Hefte
  und korrigiert.
- Anschließend
  schreibt jeder die
  fehlerhaften Wörter
  richtig auf Wortkar-
  ten (→ S. 147).

# Was habe ich gelernt? – 1

Auf diesen Seiten kannst du überprüfen, was du gelernt hast und was du noch üben musst.

So gehst du vor:

1. Bearbeite die Aufgaben zu einem Thema.
2. Schreibe dann in dein Lerntagebuch.
3. Kontrolliere mithilfe der Lösungen.
4. Wenn du mehr als drei Fehler hast, übe noch einmal die betreffenden Aufgaben im Sprachbuch oder bitte deine Lehrerin um ein Lerngespräch (S. 144, 145).

## Nomen und Artikel (Seite 10, 12)

1. Schreibe nur die Nomen mit dem bestimmten Artikel in der Einzahl und in der Mehrzahl auf.

| KIND | LESEN | GARTEN | BLUME | VON | WALD | REH | KARTE | LICHT |
|------|-------|--------|-------|-----|------|-----|-------|-------|
| DING | VIER | VOLL | SACHE | LOCH | HIN | WOCHE | PLATZ | LANG |

2. Immer zwei Silben bilden ein Nomen. Schreibe das Nomen mit dem unbestimmten Artikel auf.

| Kä | Pfüt | Stra | Tel | Zwie | Wol |
|----|------|------|-----|------|-----|
| Bir | Tü | Trau | Na | Ap | Gur |

| ße | fer | ler | bel | ke | ze |
|----|-----|-----|-----|----|----|
| te | fel | be | ke | ne | se |

3. Bilde Nomen mit der Nachsilbe -ung.

erholen   verbreiten   aufregen   verschmutzen   versorgen   düngen   verzieren

## Verben (Seite 13, 14)

4. Finde die Verben und schreibe sie in allen Personalformen.

| BLEIBEN | ROSEN | SCHNEIDEN | GEHEN | HOSEN | STEIGEN | BLUME |
|---------|-------|-----------|-------|-------|---------|-------|
| BLUSEN | MALEN | BIENEN | SAGEN | AFFEN | FRAGEN | KARTEN |

5. Schreibe die Verben mit Doppelkonsonanten ab und kreise den Wortstamm ein. Bilde jeweils die er-Form.

brummen   knallen   schwimmen   rollen   kämmen   prellen   schallen

6. Bilde die er-Form. Was musst du beachten?

waschen   fangen   raten   blasen   schlafen   schlagen   halten

7. Schreibe die Sätze ab und bilde die richtige Personalform.

> Die Kinder der Klasse 3c (laufen) in den Pausenhof.
>
> Lukas (fragen) Anna: „(Spielen) wir Fangen?"
>
> Anna (meinen): „Dazu (haben) ich heute keine Lust."
>
> Lukas (entgegnen): „Was (möchten) du dann machen?"
>
> Anna (antworten): „Ich (spielen) mit Sophia."

**Pronomen** (Seite 14, 15)

8. Schreibe die Sätze ab. Setze passende Pronomen ein.

> Anna läuft schnell. ❓ möchte pünktlich sein.
>
> Max holt einen Ball. ❓ will Fußball spielen.
>
> Die Kinder haben Pause. ❓ essen ihr Vesper.

**Üben mit Wortkarten** (Seite 147)

9. Übe schwierige Wörter. Schreibe sie auf Karteikarten.

# *Lerntagebuch*

Ein Lerntagebuch hilft dir, darüber nachzudenken, was du gelernt hast und was du noch üben möchtest. Es hilft dir auch bei der Vorbereitung eines Lerngesprächs. So gehst du vor:

- Schreibe in dein Lerntagebuch, was du gelernt hast.
- Beurteile, wie gut du die Aufgaben kannst. Male ☺ 😐 ☹.
- Wie hast du dich angestrengt? Male ☺ 😐 ☹.
- Was möchtest du noch üben?

So führt Hanna ihr Lerntagebuch:

<u>Was habe ich gelernt?</u>

- Ich erkenne Nomen und kann Einzahl und Mehrzahl bilden. ☺
- Ich kann Nomen mit der Nachsilbe -ung bilden. 😐
- Ich schreibe Personalformen mit Doppelkonsonanten richtig. ☺
- Ich beachte, dass bei manchen Personalformen aus a der Umlaut ä wird. ☺
- Ich kann passende Pronomen einsetzen. 😐

<u>So habe ich mich angestrengt:</u> ☺

<u>Das möchte ich noch bis nächste Woche üben:</u>

- Nomen mit der Nachsilbe -ung

# Wetter, Wasser, Wind

1. Betrachtet die Fotos und erzählt.

Oberbegriffe:

Wind

Bewölkung

Temperatur

Niederschlag

2. Sammelt viele Wörter zum Thema „Wetter" und schreibt sie in gut lesbarer Druckschrift auf Kärtchen.

Regen    Sturm    ...

3. Ordnet die Kärtchen den passenden Oberbegriffen zu.

Niederschlag

Regen    Hagel    ...

4. Schreibt das Thema in Großbuchstaben auf eine weitere Karte.

WETTER

Mindmap – Gedanken ordnen

WETTER

Wind · Temperatur · Bewölkung · Niederschlag · Regen

5. Befestigt die Kärtchen von Seite 18 auf einem Plakatkarton. Entwickelt eure Mindmap und stellt sie vor.

6. Zeichne die „Mini"-Mindmaps ab und finde weitere Verben.

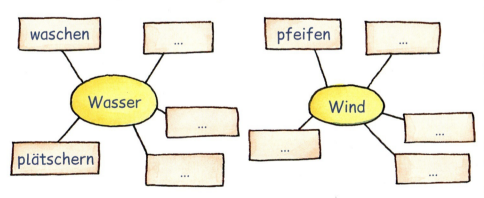

waschen · ... · Wasser · ... · plätschern · ...

pfeifen · ... · Wind · ... · ...

**Mindmap\***

Eine Mindmap\* ist eine Gedankenlandkarte. Mit ihr können wir unsere Gedanken ordnen. In der Mitte steht das Thema. Äste führen zu den Oberbegriffen. Zweige führen zu den Unterbegriffen.

\*sprich: Meindmäp

7. Welche Verben hat dein Partner gefunden? Tauscht euch aus.

8. Schreibe zu einem der folgenden Begriffe eine Mindmap: Ferien, Spiele, Einkaufszettel …

# Wetterkarte lesen – szenisch spielen

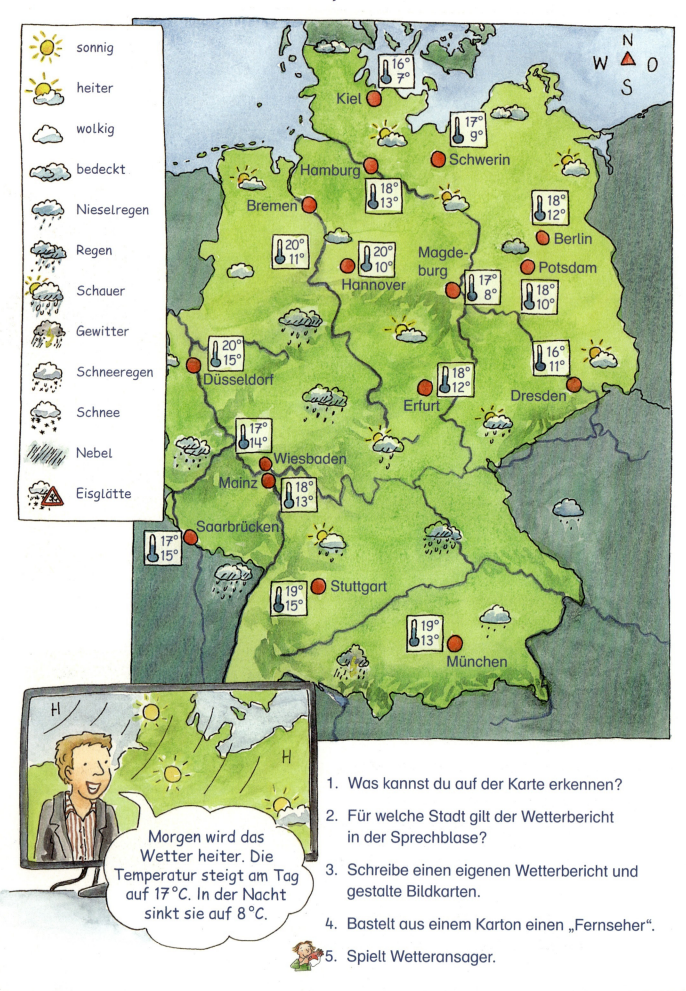

1. Was kannst du auf der Karte erkennen?

2. Für welche Stadt gilt der Wetterbericht in der Sprechblase?

3. Schreibe einen eigenen Wetterbericht und gestalte Bildkarten.

4. Bastelt aus einem Karton einen „Fernseher".

5. Spielt Wetteransager.

# Adjektive mit -ig und -lich – Vergleichsstufen

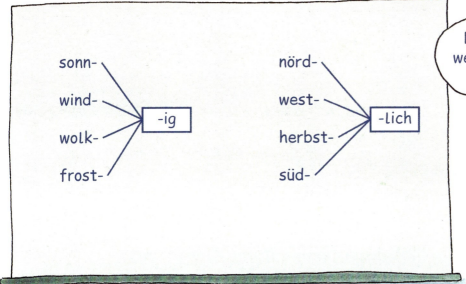

sonn-
wind-
wolk-
frost-
→ -ig

nörd-
west-
herbst-
süd-
→ -lich

Die Adjektive werden gebildet, indem …

1. Wie werden die Adjektive gebildet? Erklärt.

2. Finde zu jedem Nomen das passende Adjektiv von der Tafel:
   der Wind – windig

   | Wind | Herbst | Wolke | Frost |
   |------|--------|-------|-------|
   | Norden | Sonne | Süden | Westen |

**Adjektive**

beschreiben, wie jemand oder etwas ist.
Manche Nomen können mit den Nachsilben **-ig** oder **-lich** verbunden werden. Es entstehen **Adjektive**.

3. Bilde Adjektive mit den Nachsilben -ig und -lich.
   Kontrolliere mit dem Wörterbuch.

   | Ecke | Glück | Luft | Berg | Nacht |
   |------|-------|------|------|-------|
   | Lust | Land | Tag | Hunger | Osten |

4. Mit Adjektiven können wir vergleichen.
   Vergleiche die Temperaturen in Deutschland auf der Wetterkarte. Schreibe acht Sätze:
   In München ist es <u>wärmer als</u> in …
   In Stuttgart ist es <u>kälter als</u> in …

5. Wo ist es am wärmsten? Wo ist es am kältesten?

6. Trage die Adjektive in eine Tabelle ein:

   | Grundform | 1. Vergleichsstufe | 2. Vergleichsstufe |
   |-----------|--------------------|--------------------|
   | warm | wärmer als | am wärmsten |

   | windig | wolkig | reich | tief |
   |--------|--------|-------|------|
   | schnell | klein | arm | freundlich |

**Vergleichsstufen**

Mit **Adjektiven** können wir vergleichen (**Vergleichsstufen**):
Grundform: warm
1. Vergleichsstufe: wärmer als
2. Vergleichsstufe: am wärmsten

# Fragesätze – Aussagesätze

Sebastian ist Pfadfinder. Er erklärt, wie ein Gewitter entsteht.

*An heißen, schwülen Tagen steigt warme Luft auf.
Es entstehen dunkle Wolken. In kalten Luftschichten
gefrieren die kleinen Wassertröpfchen. Die Eiskristalle
werden durcheinandergewirbelt. Dabei entsteht eine
elektrische Spannung, die sich durch Blitze entladen
kann.
Ein Blitz ist sehr heiß. Die Luft in seiner Umgebung
dehnt sich schlagartig aus – es donnert.*

## Fragesätze

Mit **Fragewörtern**
können wir eine
**Frage** einleiten:

Wer …? Wie …?

Was …? Wann …?

Wo …? Warum …?

Am Ende des Fra-
gesatzes steht ein
**Fragezeichen** ? .

1. Lies den Text genau durch.

2. Stelle mit einem Partner ein Frage- und Antwortspiel her.
   Schreibt die Fragen und die Antworten auf Kärtchen.

> Wo gefrieren die
> kleinen Wassertropfen?

> In kalten Luftschichten
> gefrieren die kleinen
> Wassertropfen.

## Aussagesätze

Mit **Aussagesätzen**
teilen wir etwas mit.
Am Ende steht ein
**Punkt** . .

3. Mischt die Kärtchen und bildet einen Stapel.
   Tauscht nun die Stapel mit euren Klassenkameraden aus.

4. Ordne mit deinem Partner den Fragenkärtchen die
   passenden Antwortkärtchen zu.

# Aufforderungssätze

Die Kinder informieren sich, wie sie sich bei einem Gewitter verhalten sollen.

in die Hocke gehen

in einem geschlossenen Gebäude bleiben

bei Gewitter nie im Wasser bleiben

in einem Auto Schutz suchen

nicht unter Bäumen stehen

1. Schreibe zu jedem Kärtchen einen Aufforderungssatz:
   <u>Verhaltensregeln bei Gewitter</u>
   Gehe in die Hocke!

2. Kennt ihr weitere Verhaltensregeln bei Gewitter? Ergänzt.

3. Schreibe den Text mit Satzzeichen auf.

> ### Wie weit ist das Gewitter entfernt
>
> *Blitz und Donner entstehen fast gleichzeitig*
> *Warum hören wir den Donner erst später*
> *Das Licht bewegt sich viel schneller als der Schall*
> *Wie weit ist ein Gewitter entfernt*
> *Zähle die Sekunden zwischen Blitz und Donner*
> *Teile die Sekunden durch 3*
> *Wenn du den Donner 6 Sekunden nach dem Blitz hörst, ist das Gewitter 2 km weit entfernt*

**Aufforderungssatz**

Nach **Aufforderungssätzen** oder **Ausrufen** steht ein **Ausrufezeichen** ( ! ).

4. Lies den Text laut vor.
   Dein Partner achtet auf deine Stimme.

| Bei einer Frage hebt sich die Stimme am Satzende. | Bei einer Aussage fällt die Stimme am Satzende ab. | Bei einer Aufforderung fällt die Stimme am Satzende ab. Das Verb steht am Anfang. |
|---|---|---|

# Auslautverhärtung b-p, d-t, g-k

**Der Ausflug**

Jakob macht mit seinem Freun❓ Malte einen Ausflu❓ mit dem Fahrra❓. An diesem Ta❓ ist das Wetter mil❓ und sonni❓. Vergnügt radeln die beiden durch die Gegen❓. Bald kommen die Jungen auf einen Ber❓. Inzwischen ist Jakob hungri❓ und dursti❓. Er will eine Pause machen. Plötzlich ziehen dunkle Wolken auf. Der Win❓ bläst und fe❓t die Blätter von den Bäumen. Es blitzt und donnert ...

---

Stadt und verwandt schreibe ich mit dt, das muss ich mir merken.

### Verlängern

**b** oder **p**, **d** oder **t**, **g** oder **k**?

Die richtige Schreibweise am Ende eines Wortes (**Auslaut**) findest du durch **Verlängern**.

lie**b** – lie**b**er
Freun**d** – Freun**d**e
fe**g**t – fe**g**en

---

1. Welche Buchstaben fehlen? Begründet.

2. Schreibe den Text richtig. Verlängern hilft dir dabei.

3. Setze den richtigen Buchstaben ein. Schreibe so:
   der starke Regen – Der Regen ist stark.

   | der star❓e Regen | der lau❓e Donner |
   |---|---|
   | das trü❓e Wetter | der kal❓e Schauer |
   | der hefti❓e Sturm | die eisi❓e Luft |
   | das mil❓e Klima | der sonni❓e Tag |

4. Setze den richtigen Buchstaben ein. Verlängere zuerst:
   viele Zelte – ein Zelt

   | Zel❓ | Kor❓ | Hef❓ | Die❓ | Mon❓ |
   |---|---|---|---|---|
   | Han❓ | We❓ | Klei❓ | Zwei❓ | Lan❓ |

5. Bilde die er-Form und schreibe jeweils einen Satz:
   sich legen – Der Wind legt sich.

   | sich legen | fegen | loben | liegen |
   |---|---|---|---|
   | leben | toben | weben | fragen |

# Eine Einladung schreiben

Die Kinder der 3c wollen die Partnerklasse zu ihrem Herbstfest mit einem gemeinsamen Frühstück einladen.

① ——————— Liebe Klasse 3a,

② ——————— wir laden Euch zu unserem Herbstfest
mit einem gesunden Frühstück

③ ——————— in unser Klassenzimmer ein.

④ ——————— Kommt am nächsten Dienstag um 9.00 Uhr.

⑤ ——————— Bringt bitte Teller und Besteck mit.

⑥ ——————— Wir freuen uns auf Euer Kommen.

⑦ ——————— Viele Grüße
Eure Klasse 3c

1. Lies die Einladung an die Klasse 3a.
Was schreibt die Klasse 3c?
Ordne die Bausteine der Einladung zu:

   1 - Anrede

2. Besprecht eure Ergebnisse in der Gruppe.
Sammelt verschiedene Formulierungen
für folgende Bausteine:

   Anrede    Schlusssatz
   Gruß

3. Schreibe und gestalte eine Einladung
für ein Klassenfest mit folgenden Angaben:

   - Am letzten Tag vor den Weihnachtsferien möchte
   deine Klasse ein Fest feiern.

   - Alle Eltern und Geschwister sollen eingeladen werden.

   - Die Feier soll in der Aula stattfinden.

   - Ihr wollt Lieder, Gedichte und ein kleines
   Weihnachtsspiel vortragen.

   - Die Eltern sollen Plätzchen und Getränke mitbringen.

4. Überprüfe mit einem Partner, ob die Einladung
alle wichtigen Angaben enthält.

## Einladung

Eine Einladung enthält folgende Bausteine:

- Anrede
- Anlass
- Ort
- Datum und Uhrzeit
- Bitte ... mitbringen
- Schlusssatz
- Gruß und Unterschrift

# Was habe ich gelernt? – 2

### Adjektive (Seite 21)

1. Trage die Adjektive so in eine Tabelle ein:

| Grundform | 1. Vergleichsstufe | 2. Vergleichsstufe |
| --- | --- | --- |
| | | |

hell   klein   glücklich   groß   schön   kurz   heiß   langsam   kalt
alt   schmutzig   breit   lang   schnell   nett   schmal   jung   dunkel

2. Bilde Adjektive. Verbinde die Nomen mit -ig oder -lich.

Riese   Angst   Freund   Blume   Tag   Fleiß   Rost   Frage   Stunde
Geiz   Kind   Gefahr   Jahr   Hast   Sommer   Freude   Land   Mut

### Satzarten (Seite 22, 23)

3. Schreibe die Sätze ab und setze die richtigen Satzzeichen.

Ich gehe nach Hause                O Schreck

Wer begleitet mich                Gestern besuchte ich Anna

Gib mir bitte meine Jacke                So eine Frechheit

Ich gehe Fußball spielen                Wo bist du

Seid still                Kann mir jemand helfen

Komm bitte mit                Bringst du mir mein Buch

Lass mich in Ruhe                Was hast du

Ich besuche meine Tante                Spielst du mit uns

### Auslautverhärtung: b-p, d-t, g-k (Seite 24)

4. Welcher Buchstabe fehlt?

Kor❓   Bro❓   Gel❓   Ta❓   Schil❓   Ber❓   Win❓   Wal❓
Freun❓   We❓   Kru❓   Erfol❓   Wel❓   Hun❓   Kal❓   Käfi❓

5. Schreibe die Sätze ab und setze den richtigen Buchstaben ein.

Obst ist gesun❓.        Der Mann ist blin❓.        Die Blume ist wel❓.
Der Tag ist trü❓.        Mia ist trauri❓.        Das Auto ist gel❓.

6. Setze den richtigen Buchstaben ein.

er lo**?**t   er hu**?**t   sie trä**?**t   sie fra**?**t   ihr ha**?**t   er brin**?**t   er fe**?**t

7. Schreibe den Text ab und ergänze die richtigen Buchstaben.

Ein trü**?**er Ta**?**

Heute ist es nebli**?**, die Luft ist eisi**?**. Ein kalter Win**?** fe**?**t durch die Straßen.

Lukas le**?**t sich missmuti**?** auf sein Bett. Plötzlich hu**?**t ein Auto.

Eili**?** geht Lukas zum Fenster. Was hat sein Vater wohl in dem Kor**?**?

**Eine Einladung schreiben** (Seite 25)

8. Wähle ein Thema aus und schreibe eine Einladung. Beachte die W-Fragen.
   Überprüfe deine fertige Einladung zum Schluss anhand der Bausteine auf Seite 25.
   Hast du an alles gedacht?

Schwimmbadbesuch                          Geburtstag

**Üben mit Wortkarten** (Seite 147)

9. Übe schwierige Wörter. Schreibe sie auf Karteikarten.

## Lerntagebuch

- Schreibe in dein Lerntagebuch, was du gelernt hast.
- Beurteile, wie gut du die Aufgaben kannst. Male 🙂 😐 🙁.
- Wie hast du dich angestrengt? Male 🙂 😐 🙁.
- Was möchtest du noch üben?

Was habe ich gelernt?

- Ich kann Adjektive steigern.
- Ich kann Adjektive mit der Nachsilbe -ig oder -lich bilden.
- Ich erkenne die Satzarten Aussagesatz, Fragesatz und Aufforderungssatz und setze die richtigen Satzzeichen.
- Ich kann durch Verlängern den richtigen Auslaut am Ende eines Wortes bestimmen (b-p, d-t, g-k).
- Ich schreibe eine Einladung und beachte die W-Fragen Wer ...?, Wen ...?, Wann ...?, Wo ...?, Wozu ...?, Woran ...?

So habe ich mich angestrengt:

Das möchte ich noch bis nächste Woche üben:

# Manchmal fühle ich mich ...

1. Betrachtet die Bilder.
   Wie fühlen sich die Kinder?

2. Ordnet die Bilder folgenden Gefühlen zu:

Freude    Trauer    Wut    Angst

3. Ich: Wie erlebst du diese Gefühle?

Freude     Trauer     Wut     Angst

Du: Tausche dich mit einem Partner aus.
Sammelt Adjektive, die diese Gefühle beschreiben.
Gestaltet dazu ein Plakat.

Wir: Stellt eure Plakate in der Klasse vor.

4. Wähle fünf Adjektive aus.
Schreibe auf, wann du dich so gefühlt hast:

Ich bin begeistert, wenn ich gewonnen habe.

glücklich     bekümmert     fröhlich     bedrückt

unsicher     verzweifelt     freudig     sorgenfrei

traurig     entrüstet     ängstlich     aufgebracht

begeistert     zufrieden     lustig     ärgerlich

 5. Ein Kind wählt ein Adjektiv aus Aufgabe 4 aus und stellt es
pantomimisch der Klasse vor.
Wer es als Erster errät, spielt als Nächster.

# Das stumme h im Wortstamm – Wortfamilie

Ich knicke vor dem Garagen-e nach hinten um. Dann erkenne ich den Wortstamm.

**Dehnungs-h**

Wortstämme auf **l**, **m**, **n**, **r** schreiben wir mit h.

1. Schreibe die folgenden Verben in A-Häuschen.

| zählen | gähnen | lehren | wohnen |
|--------|--------|--------|--------|
| sehnen | fahren | zähmen | fühlen |

2. In welcher Silbe steht das h?

3. Knicke die Endungen nach hinten um:
   Wie lauten die letzten Buchstaben der Wortstämme?

4. Bilde mit den Verben Sätze in der er-Form:
   Er zählt die Murmeln.

5. Auch in einsilbigen Wörtern, die auf l, m, n, r enden,
   steht vor diesen Buchstaben meistens ein h.
   Schreibe zu jedem Wort einen Satz auf.

| Zahl | wahr | zehn | Sohn | Ohr | Ruhm |
|------|------|------|------|-----|------|

## Erste Hilfe für Fips

Sebastian ist in seinem Zimmer und gähnt. Ihm ist langweilig. Plötzlich klingelt es Sturm. Schnell öffnet er die Tür. Es ist Lukas, der in der Nachbarschaft wohnt. Er hält seinen Hund Fips auf dem Arm. Sebastian führt beide in sein Zimmer. Aufgeregt erzählt Lukas, dass Fips lahmt. Sein rechtes Vorderbein fühlt sich heiß an. Sebastian eilt in die Küche und kehrt mit einem Eisbeutel zurück, um das Bein zu kühlen.

6. Schreibe die Grundform, die er-Form und den Wortstamm der Verben mit h in eine Tabelle:

| Grundform (Infinitiv) | er-Form | Wortstamm |
|---|---|---|
| gähnen | gähnt | gähn |
| ... | | |

> **Wortfamilie**
>
> Wörter, die denselben **Wortstamm** haben, gehören zu einer **Wortfamilie**.

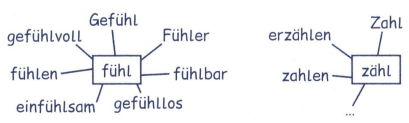

7. Wähle mit einem Partner zwei Wortstämme aus Aufgabe 6 aus. Bildet zu jedem Wortstamm eine Wortfamilie. Verwendet das Wörterbuch.

Gefühl
gefühlvoll     Fühler
fühlen — fühl — fühlbar
einfühlsam  gefühllos

Zahl
erzählen
zahlen — zähl
...

8. Stellt eure Ergebnisse vor und ergänzt.

9. Schreibt den Text „Erste Hilfe für Fips" als Partnerdiktat.

# Texte planen – Placemat

Lukas hat sich den Fuß verstaucht und kann nicht zur Schule gehen. Die Kinder der Klasse 3c sammeln auf einem „Placemat" Ideen, wie sie ihm eine Freude bereiten können.

**Placemat***

Mit dem Placemat* werden in einer Gruppe Ideen zu einem Thema gesammelt.

*sprich: Plejsmät

1. Wie könnt ihr einem kranken Freund eine Freude bereiten? Sammelt Vorschläge mithilfe eines Placemats:

- Immer vier Schüler setzen sich um das Placemat.
- Jeder schreibt Vorschläge in sein Feld.
- Dreht nun das Blatt. Lest die Vorschläge der anderen.
- Erstellt eine Hitliste in der Mitte des Blattes.

2. Jede Gruppe stellt ihre Hitliste der Klasse vor.

# Einen Brief schreiben

Die Klasse 3 c hat beschlossen,
Lukas einen Brief zu schreiben.

Klasse 3 c
Schulstraße 10
80634 München

Lukas Huber
Hirschbergstraße 15
80634 München

⑦

① München, den 29.10.

② Lieber Lukas,

③ wir hoffen, dass es dir bald wieder besser geht.

④ In zwei Wochen besuchen wir die Theateraufführung „Die wilden Kerle". Wir sind schon sehr gespannt. Meinst du, dass du bis dahin wieder fit bist?

⑤ Wir wünschen dir gute Besserung.

⑥ Viele liebe Grüße sendet dir deine Klasse 3 c

1. **Ich:** Lies den Brief an Lukas.
   Was schreibt die Klasse 3 c?
   Ordne die Bausteine des Briefes zu:

   1 – Ort und Datum

   **Du:** Vergleiche mit einem Partner.
   Sammelt verschiedene Formulierungen
   für folgende Bausteine:

   Anrede   einleitender Satz   Schlusssatz   Gruß

   **Wir:** Besprecht eure Ergebnisse und gestaltet ein Plakat.

2. Schreibe einen Brief.
   Überlege vorher:  • An wen möchtest du schreiben?
   • Was möchtest du mitteilen?
   • Was kannst du fragen?

3. Überprüfe mit einem Partner, ob der Brief alle Bausteine enthält.

---

## Brief

Ein Brief enthält
folgende Bausteine:

- Ort und Datum
- Anrede
- einleitender Satz
- Brieftext mit Fragen
- Schlusssatz
- Gruß und Unterschrift
- Umschlag mit Empfänger und Absender

# Was habe ich gelernt? – 3

### Adjektive (Seite 29)

1. Schreibe die Sätze ab und ergänze passende Adjektive.

| | |
|---|---|
| Marie hat heute Geburtstag. Sie ist ❓. | traurig |
| Julias Hamster ist krank. Sie ist ❓. | glücklich |
| Max ärgert sich. Er reagiert ❓. | aufgebracht |
| Tom findet das Buch toll. Er ist ❓. | begeistert |

### Das stumme h (Seite 30, 31)

2. Schreibe die Nomen in der Einzahl. Auf welche Buchstaben enden die einsilbigen Wörter?

Ohren   Kähne   Jahre   Uhren   Zähne   Rohre   Söhne   Zahlen

3. Auf welchen Buchstaben enden die Wortstämme?
   Schreibe die Verben in die Tabelle und kreise den Wortstamm ein.

| l | m | n | r |
|---|---|---|---|
| | | | |

lahmen   lehren   führen   stehlen   lehnen   kühlen   gähnen
wehren   rühmen   sehnen   zählen   bahnen   fehlen   bohren

4. Schreibe die Sätze ab und setze das Verb in der richtigen Form ein.

Das Pferd ❓. (lahmen)                ❓ du dich heute nicht gut? (fühlen)
Max ❓ am Türrahmen. (lehnen)         ❓ bitte die Hefte! (zählen)
Wie viele Kinder ❓ heute? (fehlen)   Jakob ❓ den Hund aus. (führen)
Die Mutter ❓ mit dem Auto weg. (fahren)   Wir ❓ in einem kleinen Haus. (wohnen)

### Wortfamilien (Seite 31)

5. Ordne die Wörter folgenden Wortstämmen zu:

Wortstamm „kauf"      Wortstamm „fahr"      Wortstamm „spiel"

Kaufhaus   Spiel   Fahrer   spielen   kaufen   fahren   Käufer   Spielsachen
verkaufen   befahren   Spieler   Fahrrad   käuflich   Fahrbahn   bespielbar

6. Wähle 3 Wortstämme aus und schreibe zu jedem mindestens 5 Wörter.

lehr   lauf   schlaf   schreib   lach   mal   treff   sitz

7. Du hast einen neuen Brieffreund oder eine neue Brieffreundin.
   Wähle eine Adresse aus.

> Ben Klein, Hauptstr. 21, 90451 Nürnberg

> Lena Klein, Hauptstr. 21, 90451 Nürnberg

> ...

Beschrifte den Briefumschlag mit der Adresse des Empfängers und deiner Adresse als Absender. Vergleiche mit Seite 33.

8. Schreibe einen Brief. Stelle dich in dem Brief vor:

- Name
- Alter
- Familie
- Haustier
- Hobby
- Lieblingsfach in der Schule
- Was möchtest du wissen?
- ...

Beachte alle wichtigen Bausteine eines Briefes. Halte die äußere Form ein. Vergleiche mit Seite 33. Verwende das Wörterbuch.

**Üben mit Wortkarten** (Seite 147)

9. Übe schwierige Wörter. Schreibe sie auf Karteikarten.

## Lerntagebuch

- Schreibe in dein Lerntagebuch, was du gelernt hast.
- Beurteile, wie gut du die Aufgaben kannst. Male ☺ ☐ ☹.
- Wie hast du dich angestrengt? Male ☺ ☐ ☹.
- Was möchtest du noch üben?

Was habe ich gelernt?

- Ich schreibe einsilbige Wörter mit dem stummen h richtig.
- Ich schreibe Verben mit dem stummen h richtig.
- Ich kann Wortfamilien zu Wortstämmen bilden.
- Ich kann einen Briefumschlag richtig beschriften.
- Ich kann einen Brief schreiben und beachte die Bausteine.

So habe ich mich angestrengt:

Das möchte ich noch bis nächste Woche üben:

## Im Lauf der Zeit

Pieter Bruegel malte dieses Bild im Jahr 1560.
Über 200 Kinder tummeln sich auf dem
Rathausplatz und spielen etwa 80 Spiele.

1. Ich: Betrachte das Bild genau.
   Welche Spiele kannst du
   erkennen? Die Begriffe helfen dir.

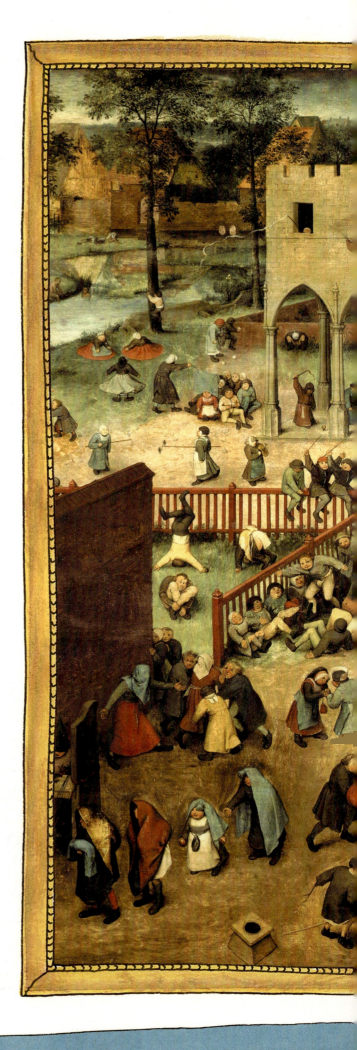

| | |
|---|---|
| Zaunreiten | Mütze werfen |
| Klettern | Schnurkreisel |
| Hochzeitsumzug | Balancieren |
| Turnen | Kegeln |
| Murmelspiel | Stelzenlaufen |
| Blinde Kuh | Taufzug |
| Reiterkampf | Steckenpferd |
| Schaukel | Reifentreiben |
| Fassrufen | Fassreiten |
| Bockspringen | Kaufladen |
| Plumpsack | Topfschlagen |
| | Fangen |

Du: Tauscht euch aus.
Welche Spiele spielt ihr noch heute?
Beschreibt eines der Spiele.

Wir: Stellt das Spiel in der Klasse vor.

2. Frage deine Eltern, Großeltern …,
   welche Spiele sie früher gespielt haben.

# Gegenwart – 1. Vergangenheit

Hertha mit ihrer Mutter

Hertha ging 1905 in die Volksschule.
So sah ihr Klassenzimmer aus.

1. Betrachtet das Bild. Erzählt.

**Zeitformen von Verben**

Verben geben an, in welcher Zeit etwas stattfindet.

**Gegenwart:**
Hertha eilt.
**1. Vergangenheit:**
Hertha eilte.

### Herthas Schultag

*Zu Schulbeginn **läutete** der Lehrer die Schulglocke. Hertha **eilte** an ihren Platz und **räumte** den Tornister aus. Ordentlich **legte** sie Griffel, Schwämmchen und Schiefertafel auf die Schulbank.*
*Der Lehrer **betrat** den Raum und **kontrollierte** das Feuer im Kanonenofen. Nach der Begrüßung **nahm** er am Katheder Platz und **begann** mit dem Unterricht.*

2. Lest den Text. Klärt die Begriffe, die ihr nicht kennt.

3. Schreibe die markierten Verben in der 1. Vergangenheit in die Tabelle und ergänze die entsprechende Form in der Gegenwart:

| 1. Vergangenheit | Gegenwart |
|---|---|
| er läutete | er läutet |
| sie eilte | sie … |

läutet    betritt    räumt    beginnt

nimmt    legt    eilt    kontrolliert

4. Schreibe die Verben in der Gegenwart und
   in der 1. Vergangenheit:

   lesen: er liest – er las

   | lesen | schreiben | rechnen | malen | singen |
   |---|---|---|---|---|
   | melden | hören | legen | turnen | spielen |
   | nehmen | sehen | sprechen | flüstern | laufen |

5. Vergleiche mit einem Partner.

6. So lautete eine Klassenordnung vor 100 Jahren.
   Vergleicht sie mit euren Klassenregeln.

## Klassenordnung

§ 1  Die Schüler stehen auf und begrüßen im Chor
den Lehrer, wenn er in die Klasse kommt.

§ 2  Jeder Schüler sitzt still, aufrecht und ordentlich
an seinem Platz.

§ 3  Jeder Schüler legt seine Hände geschlossen auf
den Tisch.

§ 4  Die Füße stehen ruhig nebeneinander auf dem
Boden.

§ 5  Alle Schüler blicken dem Lehrer fest ins Auge.

§ 6  Es ist jedem Schüler verboten zu lachen, zu
sprechen, zu flüstern oder herumzulaufen.

§ 7  Alle Schüler melden sich mit dem Finger der
rechten Hand. Der Ellenbogen wird mit der
linken Hand gestützt.

§ 8  Jeder Schüler muss häusliche Arbeiten fleißig
und ordentlich erledigen.

7. Setze die Paragrafen der alten Klassenordnung in die
   1. Vergangenheit. Verwende das Wörterbuch.
   Schreibe so:

   Klassenordnung
   § 1  Die Schüler standen auf und begrüßten im Chor ...

# Lang oder kurz?

Hertha mit ihren
Geschwistern

## Hertha und ihre Familie

Hertha und ihre neun Geschwister
lebten **zusammen** mit der **Mutter**
in einem Mietshaus. Eine schmale
**Treppe** führte zu der Wohnung.
Es gab nur zwei **Zimmer** mit vier
**Betten** für die ganze Familie. Nach
der Schule aßen sie eine **Suppe**.
Danach arbeiteten die Kinder noch
in einer Fabrik, um für die Familie
etwas Geld zu verdienen.

1. Lies den Text und tausche dich mit einem Partner aus:
   - Wie lebte Hertha mit ihrer Familie?
   - Wie lebst du heute?

2. Die markierten Wörter enthalten Doppelkonsonanten.
   Sprecht die Wörter.
   Wie klingt der Vokal in der ersten Silbe?

3. Sprich jedes Wort auf beide Arten.
   Wie hört es sich richtig an?

| m/mm: | ko❓en | träu❓en | schwi❓en |
| s/ss: | le❓en | verge❓en | e❓en |
| l/ll: | ro❓en | wo❓en | ma❓en |

4. Schreibe die Verben aus Aufgabe 3 in der Grundform und in
   der er-Form. Vergleiche mit einem Partner:
   kommen – er kommt

5. Bilde bei einsilbigen Wörtern zuerst die zweisilbige Form:
   schlimmer – schlimm

| m/mm: | schli❓ | du❓ | Ka❓ | Rei❓ |
| l/ll: | schne❓ | schma❓ | to❓ | Ba❓ |
| n/nn: | dü❓ | Ma❓ | To❓ | Ki❓ |

6. Übe den Text „Hertha und ihre Familie" als Partnerdiktat.

# Wortfeld

## Auf dem Volksfest

Eines Tages ging Hertha nach der Schule zum
Volksfest. Sie ging von Stand zu Stand und schaute
mit großen Augen auf die vielen verschiedenen Waren.
Auf einmal ertönte Musik und sie ging schnell zu
dem Drehorgelspieler an der Ecke. Staunend blieb
sie stehen, bis sie das Karussell entdeckte. Nun ging
Hertha dorthin. Da schlug die Turmuhr zwölfmal.
Sofort ging das Mädchen nach Hause. Eilig ging
sie die schmale Treppe zur Wohnung hinauf.
Die Mutter wartete schon mit dem Mittagessen.

*(handschriftliche Notizen über dem Text: bummelte, rannte, schlenderte, lief)*

1. Lest den Text laut. Was fällt euch auf?

2. Ersetze „ging" aus dem Text durch treffendere Verben und
   schreibe die Geschichte auf.

|        |         |            |
|--------|---------|------------|
| laufen | rennen  | stürmen    |
| eilen  | bummeln | schlendern |

3. Vergleiche mit einem Partner. Ergänze das Wortfeld
   „gehen" mit weiteren Wörtern aus dem Wörterbuch.

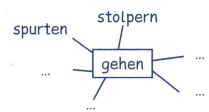

spurten — stolpern — gehen — ...
... — ... — ...

> **Wortfeld**
>
> Wörter, die eine
> ähnliche Bedeutung
> haben, gehören zu
> einem **Wortfeld**.

4. Stellt ein Verb des Wortfeldes „gehen" pantomimisch dar.
   Wer es errät, darf das nächste Verb darstellen.

# Texte planen und schreiben – Ideenspinne

An einem regnerischen Sonntag entdeckten Leni und Paul auf dem Dachboden einen alten, staubigen Schrankkoffer. Neugierig öffneten sie ihn und kramten darin herum. Leni holte ein blaues Matrosenkleid heraus und schlüpfte hinein. Paul setzte sich einen Matrosenhut auf. Begeistert sprang er auf das alte Sofa und rief: „Auf ins Abenteuer!"
Plötzlich ...

1. Überlegt euch in der Gruppe, wo Lenis und Pauls Reise hingehen könnte. Sammelt weitere Schreibideen mit der Ideenspinne.

## Ideenspinne

Mit der Ideenspinne kannst du Schreibideen sammeln und weiterspinnen.

Reise in die Vergangenheit

Burg
Kerker
Flucht
Schiff
Meer
Piraten

2. Entscheide dich für eine Schreibidee.
   Schreibe die Geschichte auf ein Blatt, damit du sie überarbeiten kannst.

# Texte überarbeiten

Wenn du eine Geschichte geschrieben hast,
kannst du sie in einer Schreibkonferenz
mit anderen Kindern besprechen.

Schreibkonferenz

4 Stationen

Gedankensprünge
Vergangenheit
Satzanfänge
Adjektive

1. Lies deine Geschichte den Beratern an einer Station vor.

2. Die Berater sagen zuerst, was ihnen gefällt.
   Sie fragen nach, wenn sie etwas nicht verstanden haben.

3. Die Berater geben Tipps und machen Verbesserungs-
   vorschläge passend zur Stationskarte.

4. Du entscheidest, was du ändern willst.

5. Wenn du alle Stationen durchlaufen hast, überarbeite die
   Geschichte und schreibe sie sauber auf.

6. Ihr könnt eure Geschichten sammeln und zu einem Buch
   binden. So habt ihr ein Geschichtenbuch für eure Klassen-
   bücherei.

## Schreibkonferenz

In einer Schreibkonfe-
renz werden geschrie-
bene Texte überprüft
und besprochen.

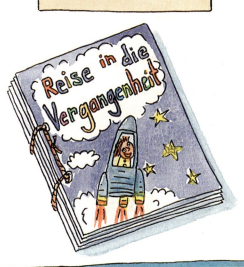

# Die Stationen der Schreibkonferenz

In diesem Text ist ein Gedankensprung.

> *Plötzlich spürten Leni und Paul eine frische Brise.*
> *Sie befanden sich an Bord eines großen Segelschiffes.*
> *1\* Die Luft in der Kajüte war stickig. Leni wurde ganz*
> *übel. Schnell schwankte sie nach ...*
>
> *1\* Neugierig kletterten sie unter Deck und*
> *gelangten in einen großen Raum.*

1. Schreibe den Abschnitt der Geschichte neu und füge die Änderung ein.

> *... oben und lief dem Kapitän direkt in die Arme.*
> *Mit grimmigem Gesicht fragt er nach ihrem Namen.*
> *Sie zittert vor Angst und rief nach Paul. Der Kapitän*
> *packt sie am Arm und zerrte sie in den Laderaum. ...*

2. Schreibe den Abschnitt der Geschichte mit den Verbformen in der Vergangenheit.

Das fängt immer gleich an.

Stelle die Wörter im Satz um.

## Satzanfänge

*Dann schloss er die Luke. Paul beobachtete alles aus seinem Versteck. Dann schlich er vorsichtig zu Lenis Gefängnis. Dann versuchte er die Luke zu öffnen. Leise hob er sie an. Dann flüsterte er: …*

**Satzanfänge**

Zuerst …   Danach …

Plötzlich …   Jetzt …

Auf einmal …   Nun …

Darauf …   Bald …

In diesem Moment …

Schnell …   Endlich …

Zum Schluss …

Sofort …

Schließlich …

3. Schreibe den Abschnitt der Geschichte neu. Stelle die Wörter in den Sätzen um oder verwende die Satzanfänge aus dem grauen Kasten.

Erzähle genauer.

Verwende passende Adjektive.

## Adjektive

*„Leni, leise!" Paul zog sie aus dem ❓ Laderaum ans ❓ Tageslicht. Geblendet von der ❓ Sonne, schloss Leni die Augen. Als sie die Augen wieder öffnete, saßen sie auf dem ❓ Sofa. Die Sonne schien durch das ❓ Dachfenster herein. „Das war ein aufregender Traum!"*

4. Schreibe den Schluss der Geschichte und setze an den markierten Stellen ❓ passende Adjektive ein.

# Was habe ich gelernt? – 4

### Doppelkonsonanten (Seite 40)

1. Schreibe die Wörter ab und ergänze einen oder zwei Konsonanten.
   Denke bei einsilbigen Wörtern an die zweisilbige Form.

> n/nn: Wa**?**e   Ma**?**   Ka**?**e   dü**?**   Zäu**?**e   Ta**?**e   To**?**
>
> m/mm: Zi**?**er   zusa**?**en   schli**?**   Ka**?**   du**?**   Da**?**e
>
> s/ss: e**?**en   Gra**?**   Na**?**e   Pa**?**   na**?**   Va**?**e   Gla**?**
>
> l/ll: Eu**?**e   schne**?**   Wo**?**e   Ta**?**   schma**?**   Ba**?**   to**?**

2. Ergänze einen oder zwei Konsonanten. Denke an die Grundform.

> m/mm: sie räu**?**t auf   er schwi**?**t   sie su**?**t   er ko**?**t   er rei**?**t
>
> l/ll: er ste**?**t   sie so**?**   er be**?**t   sie wi**?**   es kna**?**t
>
> s/ss: sie vergi**?**t   er lä**?**t   er mu**?**   sie verrei**?**t   er blä**?**t

### 1. Vergangenheit (Seite 38, 39)

3. Trage die Verben in eine Tabelle ein und ergänze die fehlenden Formen.

| Grundform | Gegenwart | 1. Vergangenheit |
|---|---|---|
|  |  |  |

> es gehört   sie machte   helfen   er spricht   sie sprang   tanken
>
> er weint   trinken   sie schob   heißen   er blieb   sie trägt

4. Schreibe die Sätze in der 1. Vergangenheit auf.

> Alle kommen pünktlich in die Schule.          Sie essen ihr Pausenbrot.
>
> Die Kinder lesen aus ihrem Lieblingsbuch vor.   Fleißig rechnen die Schüler.
>
> Sauber schreiben alle in ihre Hefte.          Sie gehen langsam in den Schulhof.

### Wortfeld „gehen" (Seite 41)

5. Setze treffende Wörter aus dem Wortfeld „gehen" in der richtigen Form ein.

> Es ist spät. Der Junge **?** in das Zimmer.   Das Eichhörnchen **?** auf den Baum.
>
> Die Läufer **?** los.                         Max **?** über einen Stein.
>
> Gemütlich **?** die Besucher durch den Park.   Leise **?** sich Anna an.

> stolpern   klettern   spurten   stürmen   schleichen   bummeln

**Eine Geschichte schreiben** (Seite 42 – 45)

6. Schreibe die Geschichte weiter.
   Entscheide dich für eine Schreibidee.

| | |
|---|---|
| Bei den Römern | Bei den Wikingern |
| Bei den Indianern | Bei den … |

Überlege dir, wie deine Geschichte weitergehen könnte.
Verwende dazu die Ideenspinne.

*Max und Anna kletterten in ihr neues Baumhaus und schauten sich das Buch „Bei den …" an. Plötzlich begann sich das Baumhaus zu drehen, und es schwebte wie ein Vogel durch die Luft. Vorsichtig blickten Max und Anna aus dem Fenster. Da sahen sie unter sich …*

7. Besprich deine Geschichte in einer Schreibkonferenz.

**Üben mit Wortkarten** (Seite 147)

8. Übe schwierige Wörter. Schreibe sie auf Karteikarten.

## *Lerntagebuch*

- Schreibe in dein Lerntagebuch, was du gelernt hast.
- Beurteile, wie gut du die Aufgaben kannst. Male 😊 😐 🙁.
- Wie hast du dich angestrengt? Male 😊 😐 🙁.
- Was möchtest du noch üben?

Was habe ich gelernt?

- Ich schreibe einsilbige und mehrsilbige Wörter mit Doppelkonsonanten richtig.
- Ich kann Verben in der 1. Vergangenheit schreiben.
- Ich kenne das Wortfeld „gehen" und verwende die Verben treffend.
- Wenn ich Geschichten schreibe, beachte ich:
  - keine Gedankensprünge
  - 1. Vergangenheit
  - Adjektive
  - abwechslungsreiche Satzanfänge

So habe ich mich angestrengt:

Das möchte ich noch bis … üben:

# Essen und Trinken

Buon appetito! Bon appétit!

Приятного аппетита!
Sprich: Prijatnogo Appetita

1. **Ich:** Ordne die typischen Speisen zu:

   A2: Spaghetti mit Tomatensoße – Italien

   > Spaghetti mit Tomatensoße    Döner Kebab
   >
   > Baguette mit Käse    Eisbein mit Sauerkraut
   >
   > Gurkensandwiches    Borschtsch

   **Du:** Tauscht euch aus. Informiert euch im Internet über weitere typische Speisen aus anderen Ländern und gestaltet ein Plakat.

   **Wir:** Stellt das Plakat vor.

2. Auf der Wand steht „Guten Appetit" in verschiedenen Sprachen. Kennt ihr diese Sprachen?

3. Besprecht die Gemeinsamkeiten und Unterschiede.

4. Sage „Guten Appetit" in einer Sprache. Dein Partner nennt die Sprache.

5. In welchen Sprachen könnt ihr noch „Guten Appetit" sagen?

# Wörtliche Rede – Redebegleitsatz

*Lukas möchte eine Wurst kaufen.*

*Lukas sagt:*

*„Guten Tag, ich möchte bitte eine Wurst."*

*Die Verkäuferin fragt Gökhan:*

*„Möchtest du auch eine Wurst?"*

*Gökhan verneint:*

*„Nein danke, ich esse keine Wurst."*

*Die Verkäuferin fragt:*

*„Möchtest du vielleicht Pommes frites?"*

*Gökhan nickt, sie bezahlen und verabschieden sich.*

*Gökhan schlägt vor:*

*„Komm doch mal zu uns zum Mittagessen."*

*Lukas antwortet:*

*„Das wäre toll. Ich werde meine Mutter fragen."*

 1. Lest den Text und sprecht darüber.

 2. Spielt die Szene mit verteilten Rollen:
Erzähler, Lukas, Gökhan und Verkäuferin.

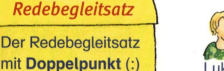

Lukas möchte eine Wurst kaufen.
Lukas sagt:

**Erzähler**

**Redebegleitsatz**

Der Redebegleitsatz mit **Doppelpunkt** (:) gibt an, wer spricht.

„Guten Tag, ich möchte bitte eine Wurst."

**Lukas**

 3. An welchen Sätzen erkennt ihr, wer etwas sagt?

 4. Woran erkennt ihr, was Lukas, Gökhan und die Verkäuferin sagen?

**Wörtliche Rede**

Die wörtliche Rede in **Anführungszeichen** „..." ist das, was gesprochen wird.

5. Schreibe die Sätze ab und unterstreiche den Redebegleitsatz rot, die wörtliche Rede grün.

Lukas fragt: „Was gibt es bei euch zum Mittagessen?"

Gökhan antwortet: „Meine Mutter kocht türkische Speisen."

Lukas isst mit Gökhans Familie zu Mittag. Auf dem Tisch stehen traditionelle Speisen wie Köfte, Fladenbrot und Baklava. Zu trinken gibt es Pfefferminztee oder Wasser.

6. Ordne mit einem Partner jedem Redebegleitsatz die passende wörtliche Rede zu.

① Die Mutter fragt

② Lukas probiert und sagt

③ Die Mutter erklärt

④ Gökhan meint

⑤ Lukas fragt

Ⓐ Die Köfte sind sehr lecker.

Ⓑ Möchtest du Köfte probieren?

Ⓒ Ist das euer Nachtisch?

Ⓓ Dazu essen wir Fladenbrot.

Ⓔ Die Baklava ist auch lecker.

Köfte = gebratene Hackfleischbällchen

Baklava = mit Nüssen und Mandeln gefüllter Blätterteig

7. Schreibe das Gespräch auf. Denke an den Doppelpunkt und die Anführungszeichen:

Die Mutter fragt: „Möchtest du …?"

8. Suche im Wörterbuch weitere Verben für das Wortfeld „sagen". Wer findet die meisten Verben?

9. Schreibe mit einem Partner ein Gespräch beim Essen auf. Verwendet dazu die Verben aus dem Wortfeld „sagen".

# Vorsilben

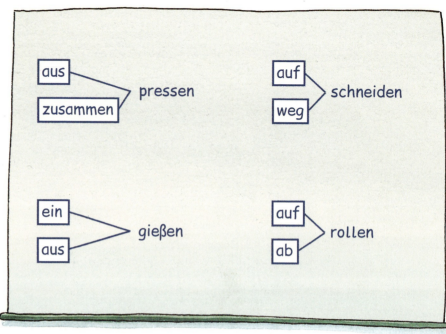

| | | | |
|---|---|---|---|
| aus / zusammen | pressen | auf / weg | schneiden |
| ein / aus | gießen | auf / ab | rollen |

1. Was machen die Kinder?
   Verbinde die Verben mit passenden Vorsilben
   und schreibe einen Satz:

   a) auspressen: Max presst die Orangen aus.

2. Setze die übrigen Vorsilben mit den Verben
   zusammen und schreibe jeweils die er-Form.

3. Schreibe den Text mit den passenden Vorsilben
   auf und vergleiche mit einem Partner.

> *Die Kinder der Klasse 3 c wollen die Partnerklasse*
> *zu einem Frühstück ❓laden. Gemeinsam ❓legen*
> *sie, was sie ❓bieten wollen. Sie ❓scheiden sich für*
> *Wurst, Käse, Marmelade, Obstsalat und Gemüse-*
> *sticks. Außerdem wollen sie ein Müsli ❓bereiten.*

über-    ein-    zu-    ent-    an-

4. Welches Verb passt?

> *Rasin ❓ aus einem Buch ❓.*
> *Alia ❓ ein Buch.*

(vor)lesen

> *Max ❓ eine Aufgabe.*
> *Dabei ❓ er sich.*

(ver)rechnen

**Vorsilben**

Vorsilben verändern
die Bedeutung von
Verben.

In den Personal-
formen werden die
Vorsilben oft
abgetrennt und
stehen am Satzende:
ausschneiden –
Sie schneidet ein
Bild aus.

# Zusammengesetzte Nomen

Obstsalat      Lieblingsessen

Brotscheibe      Frühstücksei

Käsewürfel      Geburtstagstorte

Wurstscheibe      Weihnachtsgebäck

Fruchtsaft      Heringsröllchen

*Lieblingessen klingt …*

1. **Ich:** Was fällt dir bei den zusammengesetzten Nomen auf?

   **Du:** Tausche dich mit einem Partner aus.
   Wie werden die Nomen gebildet?
   Findet für jede Nomengruppe weitere Beispiele.

   **Wir:** Stellt sie der Klasse vor.

2. Sprecht die Wörter ohne s zwischen den Wörtern.
   Warum wird manchmal ein s eingefügt?

3. Bilde zusammengesetzte Nomen.

   | | | |
   |---|---|---|
   | Zeitung | Essen | Obst |
   | Blatt | Rest | Saft |

   | | | |
   |---|---|---|
   | Frühstück | Quark | Hering |
   | Brot | Speise | Salat |

4. Bilde zusammengesetzte Nomen aus Verben und Nomen:
   trinken – die Flasche: die Trinkflasche

trinken      kochen

rollen      rühren

spülen      braten

## Zusammengesetzte Nomen

Sie können aus zwei Nomen gebildet werden. Manchmal wird „**s**" eingefügt:
das Zeitung**s**papier

Der Artikel richtet sich nach dem zweiten Nomen.

Nomen können auch mit einem Verb zusammengesetzt werden:

rühren – Schüssel: die Rührschüssel

Der Artikel richtet sich nach dem Nomen.

# r nach Vokal

Für das gemeinsame Frühstück schreibt die Klasse 3c folgende Liste:

**Für das Müsli brauchen wir Quark.**

**Gurken benötigen wir für die Gemüsesticks.**

Das brauchen wir:

- Birnen
- Wurst
- Marmelade
- Margarine
- Gewürze
- Quark
- Gurken
- ...

1. Lest die Wörter auf der Liste laut.
   - Welchen Buchstaben könnt ihr schlecht hören?
   - Wie klingt dieser Buchstabe im Wort?

2. Schreibe die Wörter ab und kreise das schwer hörbare r ein. Welche Buchstaben stehen vor dem schwer hörbaren r?

3. Schreibe die folgenden Wörter in eine Tabelle und kreise das schwer hörbare r ein:

| Nomen | Adjektive | Verben | andere Wörter |
|-------|-----------|--------|---------------|
| der A(r)m | ... | ... | geste(r)n |

GESTERN ARM KURZ MERKEN
STARK LERNEN WERFEN ELTERN
SOFORT SCHWER ERDE ERST

4. Lass dir den folgenden Text von einem Partner diktieren.

### Frühstücksvorbereitungen

Die Klasse 3c will ihre Partnerklasse zu einem Frühstück einladen. Zuerst überlegen sie, was sie zubereiten wollen. Danach schreiben sie eine Einkaufsliste und verteilen die Aufgaben. Die einen sind für die Getränke zuständig, die anderen bereiten die Speisen zu. Gemeinsam entwerfen sie eine Einladung.

# Bildergeschichte schreiben – Erzählsituation

Eine Geschichte besteht aus drei Teilen:

| *Erzählsituation* | *Ereignis* | *Ausgang* |

1. Betrachtet die Bilder und erzählt die Geschichte
   „Eine stürmische Segeltour".

2. Welchen Text findet ihr besser? Begründet!

   (a) Malte darf zum ersten Mal das schöne neue
       Segelboot benutzen. Darüber freut er sich riesig.

   (b) An einem sonnigen Herbsttag will Malte mit
       seinem neuen Segelboot auf den See hinaus-
       fahren. Gut gelaunt segelt er los.

> **Erzählsituation**
>
> Am Anfang wird erzählt,
> worum es geht:
> - **Wann?**
> - **Wer?**
> - **Wo?**

3. Ordne die Satzanfänge: Wo? – Wann?

| Wo? | Wann? |
| --- | --- |
| An der Bootsanlegestelle ... | Gestern Morgen ... |

   An der Bootsanlegestelle ...   Gestern Morgen ...

   An einem stürmischen Herbsttag ...

   Am Starnberger See ...   Es war schon spät, als ...

   In den großen Ferien ...   Im Segelclub meines Opas ...

4. Wähle eine Überschrift und schreibe einen Anfang.

   Die gefährliche Klettertour

   ...

   Eine unheimliche Nachtwanderung

5. Überprüft in der Gruppe: Sind alle wichtigen Fragen zur
   Erzählsituation beantwortet?

# Bildergeschichte schreiben – Ereignis

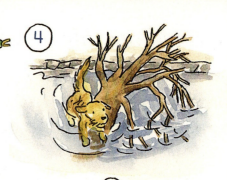

1. **Ich:** Betrachte die Bilder: Was geschieht?
   **Du:** Erzähle die Geschichte deinem Partner. Welche Bilder gehören zum Ereignis?
   **Wir:** Stellt eure Ergebnisse vor.

2. Lest den Text.
   Auf welche W-Fragen findet ihr Antworten im Text?

> *Micki scheucht eine Ente auf, die erschreckt flieht.*
> *Laut kläffend springt er ins Wasser.*
> *Leonie schreit: „Micki, komm sofort zurück!"*
> *Aber er hört nicht auf sie,*
> *sondern schwimmt hinter der Ente her.*
> *Plötzlich gerät er in einen starken Strudel.*
> *Die Wellen schlagen über ihm zusammen.*
> *„Papa, Papa, unser Micki ertrinkt!", weint Leonie*
> *verzweifelt.*
> *„Sieh doch, da vorne!", ruft Vater erleichtert.*
> *Jetzt erkennt auch Leonie, wie Micki auf einen*
> *umgestürzten Baumstamm zutreibt.*
> *Schnell rennen sie zu der Stelle.*

**Ereignis**

Handlungsverlauf des Ereignisses:

**Was** geschieht?

**Wie** geschieht es?

**Warum** geschieht es?

Beschreibe Gefühle und verwende wörtliche Rede.

3. Überarbeite den markierten Text.
   Erzähle spannend.

> *Mein Hund heißt Struppi. Oft gehe ich mit ihm im*
> *Park spazieren. Dort will er mit mir spielen.*
> **Da kommt meine Freundin Petra. Struppi hat Lange-**
> **weile und läuft weg. Wir suchen Struppi und finden**
> **ihn auf der Hundewiese.**
> *Erleichtert gehen wir nach Hause.*

4. Lies deinen überarbeiteten Text in der Gruppe vor.
   Hast du alle W-Fragen beachtet?

# Bildergeschichte schreiben – Ausgang

1. Betrachtet die Bilder und erzählt die Geschichte.

2. Welchen Ausgang findet ihr besser? Begründet!

    (a)  Der Sturm lässt nach und Robert landet in einer Pfütze. Nach dem aufregenden Flug ist er froh, wieder sicher auf dem Boden gelandet zu sein.

    (b)  Robert landet. Da kommt sein Freund Emil und fragt: „Wollen wir zusammen Fußball spielen?" Gemeinsam machen sie sich auf den Weg.

> **Ausgang**
>
> Im Ausgang erfährt der Leser, wie die Geschichte ausgeht. Er sollte **kurz** sein.

# Eine abenteuerliche Mountainbike-Tour

  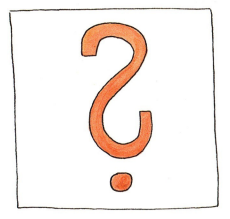

3. Betrachte die Bilder.

4. Schreibe die Geschichte auf und erfinde einen Ausgang. Nach der Erzählsituation und dem Ereignis bleibt jeweils eine Zeile frei.

5. Überprüft: • Ist der Text kurz?
                • Ist der Ausgang der Geschichte beschrieben?

# Was habe ich gelernt? – 5

### Zusammengesetzte Nomen (Seite 53)

1. Setze die Wörter aus dem ersten Kasten mit den Wörtern aus dem zweiten Kasten zu sinnvollen Wörtern zusammen.

| | | |
|---|---|---|
| Geburtstag | Luft | Kerze |
| Advent | Geschichten | Haus |

| | | |
|---|---|---|
| Licht | Kalender | Buch |
| Ballon | Tür | Feier |

2. Bilde aus den Verben und den Nomen sinnvolle Wörter.

| Verben: | schlafen | gehen | schnitzen | putzen | malen | rollen |
|---|---|---|---|---|---|---|
| Nomen: | Messer | Anzug | Treppe | Eimer | Stift | Weg |

3. Trenne die zusammengesetzten Nomen.

| | | | |
|---|---|---|---|
| Lieblingsessen | Wassereimer | Wochentag | Sitzplatz |
| Schlafsack | Zeitungsbericht | Sofakissen | Kartenspiel |

### r nach Vokal (Seite 54)

4. Schreibe die folgenden Nomen mit dem bestimmten Artikel auf.
   Schaue dann im Wörterbuch nach, ob du sie richtig geschrieben hast.

### Vorsilben (Seite 52)

5. Schreibe den Text ab und setze die Verben in der 1. Vergangenheit ein.

*Max erzählt von dem gemeinsamen Frühstück:*

„Als die Schüler der Partnerklasse das Klassenzimmer
❓, ❓ wir sie herzlich. Dann ❓ jeder seinen Partner
❓. Wir gingen zum vorbereiteten Büffet und jeder ❓ von
den Speisen ❓. Nach dem Essen ❓ wir einen Rap ❓,
die Schüler der Partnerklasse ❓ ein Gedicht ❓. Danach
❓ sie sich und wir ❓ uns voneinander."

begrüßen

betreten

auswählen

aufsuchen

vorsingen

vortragen

verabschieden

bedanken

**Wörtliche Rede mit Redebegleitsatz** (Seite 50, 51)

6. Ergänze die Redebegleitsätze mit einem Verb in der Personalform und schreibe sie mit der wörtlichen Rede ab. Beachte die Satzzeichen.

| | |
|---|---|
| *Der Löwe* ❓ | *Ich bin der König der Tiere.* |
| *Der Adler* ❓ | *Aber ich bin der König der Lüfte.* |
| *Der Wolf* ❓ | *Man nennt mich auch Isegrimm.* |
| *Der Hase* ❓ | *Ich heiße Meister Lampe.* |
| *Der Bär* ❓ | *Auch ich bin ein Meister.* |
| | *Gestatten, Petz ist mein Name.* |

brüllen

entgegnen

sich vorstellen

meinen

brummen

**Üben mit Wortkarten** (Seite 147)

7. Übe schwierige Wörter. Schreibe sie auf Karteikarten.

## Lerntagebuch

- Schreibe in dein Lerntagebuch, was du gelernt hast.
- Beurteile, wie gut du die Aufgaben kannst. Male 😊 😐 ☹.
- Wie hast du dich angestrengt? Male 😊 😐 ☹.
- Was möchtest du noch üben?

### Was habe ich gelernt?

- Ich setze den Doppelpunkt beim Redebegleitsatz und die Anführungszeichen bei der wörtlichen Rede richtig.
- Ich kann aus zwei Nomen oder aus einem Verb und einem Nomen zusammengesetzte Nomen bilden.
- Ich kann mithilfe von Vorsilben neue Verben bilden.
- Ich schreibe Wörter mit dem schwer hörbaren r richtig.
- Ich schreibe eine Einladung und beachte die W-Fragen Wer ...?, Wen ...?, Wann ...?, Wo ...?, Wozu ...?, Woran ...?

So habe ich mich angestrengt:

Das möchte ich noch bis ... üben:

# Arbeit und Beruf

1. Welche Berufe sind auf den Bildern dargestellt?
2. Was wisst ihr über diese Berufe?

# Diagramme lesen – Steckbrief schreiben

Die Schüler und Schülerinnen der Klasse 3c haben ihre
Wunschberufe in einem Balkendiagramm dargestellt.

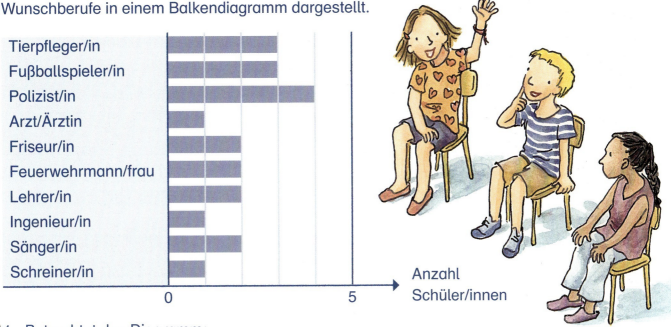

1. Betrachtet das Diagramm:
   - Welche Wunschberufe nennen die Schüler und
     Schülerinnen?
   - Welcher Beruf wird am häufigsten genannt?
   - Welche Berufe werden von gleich vielen Kindern
     genannt?
   - Wie viele Kinder sind in der Klasse 3c?

Caroline hat einen Steckbrief von ihrem Wunschberuf
angefertigt und stellt diesen in der Klasse vor.

2. Zu welchen Stichpunkten hat Caroline Informationen
   aufgeschrieben?

3. **Ich:** Schreibe zu deinem Wunschberuf einen Steckbrief.
   Sammle Informationen dazu im Internet oder befrage
   einen Experten.

   **Du:** Tausche dich mit deinem Partner aus.

   **Wir:** Stellt eure Wunschberufe in der Klasse vor
   und begründet eure Wahl.
   Erstellt für eure Klasse ein Diagramm mit euren
   Wunschberufen.

> Ich möchte gerne
> Tierpflegerin werden,
> weil ich Tiere gerne
> beobachte und gut mit
> ihnen umgehen kann.

## Tierpfleger/in

**Aufgaben:**
- Tiere füttern und
  pflegen
- Tierunterkünfte
  reinigen
- sich um kranke
  Tiere kümmern

**Arbeitsort:**
- Zoo
- Tierheim
- Tierklinik
- Zoogeschäft

**Ausbildung:**
- 3 Jahre

**Empfohlener
Schulabschluss:**
- mittlere Reife

# Satzglieder kennenlernen

Mein Name ist Jana. Ich bin 18 Jahre alt und spiele Handball. In meiner Freizeit trainiere ich eine E-Jugendmannschaft. Diese Arbeit mache ich ehrenamtlich, das heißt, ich bekomme kein Geld dafür.

1. Welche ehrenamtlichen Tätigkeiten kennt ihr noch? Beschreibt diese Tätigkeiten.

 2. Ich:  Schreibe die Wörter einzeln auf Wortkarten.

> Jana trainiert eine Jugendmannschaft in ihrer Freizeit.

Wie viele verschiedene Sätze kannst du bilden? Schreibe sie auf.

Du:  Wie viele Sätze hat dein Partner gefunden? Vergleicht. Welche Wörter bleiben immer zusammen?

Wir:  Bestimmt die Anzahl der Satzglieder.

3. Mit einem Satzgliederfächer kannst du verschiedene Sätze bilden. So bastelst du einen Satzgliederfächer:

- Wähle einen Satz aus und schreibe die Satzglieder auf Pappstreifen.
- Lege die Pappstreifen aufeinander und loche sie am linken Rand.
- Stecke eine Briefklammer durch das Loch und biege die Enden um.

> Jana begleitet die Kinder zu den Spielen.

> Die Kinder kommen regelmäßig zum Training.

> Im Training üben sie verschiedene Spielzüge.

> Die Kinder spielen gegen andere Mannschaften.

4. Stelle unterschiedliche Sätze ein und schreibe sie auf.

 5. Tauscht eure Satzgliederfächer aus. Stellt verschiedene Sätze ein und schreibt sie auf.

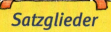

## Satzglieder

Ein Satz besteht aus mehreren Satzgliedern. Ein Satzglied wird aus einem Wort oder mehreren Wörtern gebildet. Satzglieder kann man umstellen.

Jana
begleitet
die Kinder
zu den Spielen

# Das Prädikat ist der Satzkern

Das Prädikat ist der Satzkern

Die Trainerin (jubelt) nach dem Tor.

Was tut die Trainerin?

Sie jubelt.

**Prädikat**

Durch die Fragen „Was tun …?" / „Was tut …?" oder „Was geschieht …?" findest du das **Prädikat** (Satzkern). Das Prädikat ist das wichtigste Satzglied. Das Prädikat verlangt weitere Satzglieder als „Mitspieler". Mit dem Satzgliederfächer kannst du das überprüfen.

 1. An welcher Stelle steht das Prädikat?

2. Bestimme mit einem Partner die Prädikate in den folgenden Sätzen.

> Jana bestimmt die Mannschaftsaufstellung.
>
> Janas Mannschaft gewinnt das Spiel.
>
> Begeistert klatscht das Publikum.
>
> Die Mannschaft feiert im Clubhaus.

3. Schreibe den Text ab und kreise die Prädikate (grün) ein.

### Handballtraining

*Max und Amira spielen Handball in Janas Mannschaft. Sie trainieren zweimal pro Woche. Zu Beginn des Trainings dehnen sie ihre Muskeln. Sie prellen den Ball und werfen auf das Tor. Jana zeigt den Spielern neue Spielzüge. Die Spieler bilden zwei Gruppen und spielen gegeneinander. Nach dem Training kräftigen manche Spieler ihre Muskeln im Kraftraum.*

4. Beschreibe deinen Lieblingssport mit einigen Sätzen.

# Eine Internetseite verstehen und erschließen

## Beim Ranger

Als Ranger bin ich für den Naturschutz verantwortlich. Ich achte darauf, dass sich die Besucher im Naturpark an die Vorschriften halten, die vorgegebenen Wege nicht verlassen und die Tiere nicht stören.

Besonderen Wert lege ich auf die Arbeit mit Kindern und Jugendlichen. Ich möchte sie für die Natur begeistern und ihnen zeigen, was sie für den Naturschutz tun können.

Deshalb halte ich Vorträge und biete verschiedene Erlebnisangebote an wie eine Waldolympiade oder eine Wanderung durch einen Fluss, wo der Eisvogel lebt.

Ich erfasse den Bestand bedrohter Tier- und Pflanzenarten wie den Eisvogel und verschiedene Orchideen.

1. Welche Aufgaben hat der Ranger?
   Schreibe Schlüsselwörter auf.

2. Schreibe das Gelesene in eigenen Worten auf.
   Verwende die er-Form.

3. Noch mehr Wissenswertes über den Beruf des Rangers
   könnt ihr im Internet erfahren.

# Das silbentrennende h

g e **hen**    r u **hen**    b l ü **hen**

> Das silbentrennende h steht immer ...

 1. Untersucht die Häuschen:

- Wo steht das silbentrennende h?

2. Schreibe die Verben in der Grundform mit folgenden Personalformen auf:

drehen: du drehst, er dreht, ihr dreht

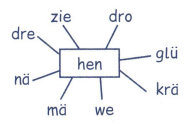

zie    dro

dre

nä    **hen**    glü

   krä

mä    we

3. Was musst du bei Nomen und Adjektiven mit dem silbentrennenden h beachten? Schreibe die einsilbige Form:

die Kühe – die Kuh

näher – nah

> Kühe    Schuhe    Zehen    Rehe    Ruhe    näher    frohe

4. Lass dir den folgenden Text von einem Partner diktieren.

### Im Naturpark

*Die Klasse 3 c macht mit dem Ranger eine Wanderung durch den Naturpark. An einem Fluss bleiben sie stehen. Leise macht der Ranger die Kinder auf einen kleinen Vogel mit blauem Gefieder aufmerksam. Viele sehen den Eisvogel zum ersten Mal aus der Nähe. Auf einer Wiese blühen seltene Blumen. In der Ferne entdecken sie einige Rehe, die mit großen Sprüngen fliehen. Das ist wirklich ein toller Ausflug.*

### Silbentrennendes h

Das silbentrennende h trennt zwei Vokale, die zu verschiedenen Silben gehören. Es dient der besseren Lesbarkeit der Wörter:

stehen – er steht
Kühe   – die Kuh
frohe   – froh

# Zeitungsausschnitte verstehen und erschließen

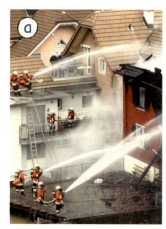   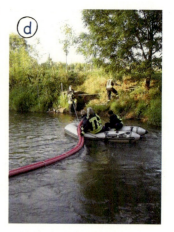

1. Welche Aufgabenbereiche der Feuerwehr sind dargestellt? Erzählt zu den Bildern.

## ① Donau wird zum reißenden Fluss

Donauwörth. Andauernde Regenfälle und die einsetzende Schneeschmelze führten gestern zu einem enormen Anstieg des Wasserpegels der Donau. Zwei am Ufer spielende Kinder stürzten ins Wasser. Ein vorbeikommender Spaziergänger alarmierte die Feuerwehr, die die Kinder in letzter Minute retten konnte ...

## ② WOHNHAUSBRAND

Inzell. Zündelnde Kinder im Alter von 9 und 10 Jahren verursachten gestern durch ihr leichtsinniges Spiel mit Streichhölzern einen Wohnhausbrand. Die herbeigeeilte Feuerwehr konnte das Feuer löschen und ein Übergreifen auf angrenzende Wohnhäuser verhindern ...

## ③ Feuerwehr baut Ölsperre auf

Berchtesgaden. Beim Anfahren einer Turbine im Salzbergwerk gab es gestern eine Betriebsstörung. Eine große Menge Öl gelangte in die Ache und bildete dort einen Ölfilm. Die Feuerwehr schützte mit Ölsperren die Umwelt ...

## ④ Umgestürzter Lkw auf der A8

München. Stundenlanges Verkehrschaos herrschte gestern Abend auf der A8 wegen eines umgestürzten Obstlasters. Mit schwerem Gerät musste die Feuerwehr den umgestürzten Lkw bergen ...

2. Lest die Zeitungsausschnitte und ordnet sie den vier Aufgabenbereichen auf den Bildern zu.

Löschen     Retten     Bergen     Schützen

3. Schreibe zu jedem Aufgabenbereich einen Satz:

Löschen: Die Feuerwehr löscht ...

# Sachtexte planen und schreiben

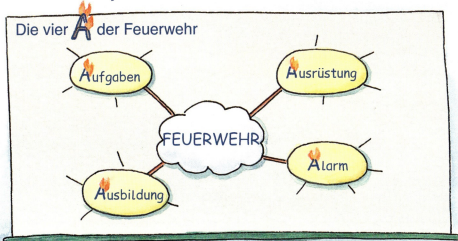

Die vier **A** der Feuerwehr

Aufgaben — Ausrüstung — FEUERWEHR — Alarm — Ausbildung

1. Gestaltet ein Plakat und vervollständigt die Mindmap.
Informiert euch im Internet und in Sachbüchern.

① **Ausbildung der Jugendfeuerwehr**

*Die Jugendfeuerwehr ist Bestandteil der freiwilligen Feuerwehr. Die Treffen finden regelmäßig statt. Es gibt Übungen im Löschdienst, in Fahrzeug- und Gerätekunde. Die Kinder lernen Schläuche zu verlegen und Erste Hilfe zu leisten. Der Umweltschutz spielt auch eine Rolle.*

**Sachtext**

Ein Sachtext teilt Informationen mit. Er steht in der Gegenwart. Gefühle, Meinungen oder Vorstellungen von Personen werden nicht beschrieben.

② **Ausbildung der Jugendfeuerwehr**

*Die Jugendfeuerwehr ist Bestandteil der freiwilligen Feuerwehr. Es macht Spaß zu den regelmäßigen Treffen zu gehen. Besonders mag ich die Übungen im Löschdienst, Fahrzeug- und Gerätekunde interessieren mich nicht so sehr. Die Kinder lernen Schläuche zu verlegen und Erste Hilfe zu leisten. Der Umweltschutz spielt auch eine Rolle.*

2. Welcher der beiden Texte ist ein Sachtext? Begründet.

3. Wähle ein weiteres **A**ufgabengebiet der Mindmap aus und schreibe dazu einen Sachtext. Informiere dich in Sachbüchern oder im Internet.

4. Stellt eure Sachtexte in der Klasse vor.
Überprüft, ob die Vorgaben für Sachtexte eingehalten wurden.

# Was habe ich gelernt? – 6

**Silbentrennendes h** (Seite 65)

1. Finde zu jedem einsilbigen Wort die zweisilbige Form.

> Kuh    Schuh    Zeh    Reh    früh    froh    roh    nah

2. Suche die Verben mit dem silbentrennenden h und bilde
   alle Personalformen (ich, du, er / sie / es, wir, ihr, sie).

> stehen    fahren    gehen    zählen    drehen    blühen    fühlen

3. Ergänze die Sätze mit den Verben in der richtigen Personalform.

> Auf der Wiese ❓ eine Kuh und ❓.
> Tim ❓ sich auf dem Sofa aus.
> Der Schneider ❓ einen Anzug.
> Der Wind ❓ stark.
> Der Kreisel ❓ sich schnell.

> drehen
> muhen
> ruhen
> nähen
> wehen
> stehen

**Prädikat** (Satzkern) (Seite 62, 63)

4. Stelle die Satzglieder zweimal um.

> Tim spielt gerne Fußball.

> Singen die Kinder ein Lied?

> Geht Anna bald nach Hause?

> Mit seinem Hund geht Max täglich Gassi.

5. Bilde Aussagesätze und kreise das Prädikat (grün) ein.

> fleißig    die Schüler    machen    ihre Hausaufgaben

> Handball    die Mädchen und Jungen    gerne    spielen

> in der großen Pause    ihr Vesper    essen    die Schüler

> die Kinder    genau    bearbeiten    die Aufgaben

> stürmen    die Schüler    aus der Schule    nach dem Unterricht

### Einen Sachtext schreiben (Seite 67)

6. Wähle einen Beruf aus und schreibe mithilfe der Wörter einen Sachtext. Überprüfe deinen fertigen Sachtext anhand der Bausteine auf Seite 67. Hast du an alles gedacht?

**Polizist/-in**
- für öffentliche Sicherheit und Ordnung bei Tag und Nacht sorgen
- bei Bedrohung helfen
- Verbrecher festnehmen
- für Ordnung im Straßenverkehr sorgen
- Anzeigen aufnehmen

**Pilot/-in**
- große Verantwortung tragen
- gute Augen und hohe Konzentrationsfähigkeit brauchen
- täglich viele Leute in andere Länder fliegen
- kontrollieren vor dem Start die Sicherheit des Flugzeugs und die Instrumente
- Flugpläne erstellen und Flugrouten festlegen
- Wetterdaten untersuchen

### Üben mit Wortkarten (Seite 147)

7. Übe schwierige Wörter. Schreibe sie auf Karteikarten.

## Lerntagebuch

- Schreibe in dein Lerntagebuch, was du gelernt hast.
- Beurteile, wie gut du die Aufgaben kannst. Male ☺ 😐 ☹.
- Wie hast du dich angestrengt? Male ☺ 😐 ☹.
- Was möchtest du noch üben?

Was habe ich gelernt?

- Ich schreibe Wörter mit dem silbentrennenden h richtig.
- Ich kann das Prädikat in einem Satz bestimmen.
- Ich kann Sätze umstellen.
- Ich kann einen Sachtext schreiben.

So habe ich mich angestrengt:

Das möchte ich noch bis ... üben:

# Erfinder verändern die Welt

1. **Ich:** Betrachte die Bilder. Welche Erfindungen kennst du?

   **Du:** Tausche dich mit einem Partner aus.
   Wie veränderten die Erfindungen das Leben
   der Menschen? Schreibt Stichwörter auf.

   Gestaltet in der Gruppe ein Plakat. Ergänzt es mit
   weiteren Erfindungen und deren Auswirkung.

   **Wir:** Stellt eure Plakate der Klasse vor.

2. Was würdest du gerne erfinden wollen? Begründe.

# Einen Vortrag mit einem Partner halten

1. Wähle mit einem Partner eine Erfindung aus.
   Sammelt Informationen und Bilder über die Erfindung und
   deren Erfinder in Sachbüchern, Lexika und dem Internet.

2. Fertigt Steckbriefe mit wichtigen Informationen an:

**Carl Benz**

*geboren: ...*

*Wohnort: ...*

*...*

*...*

**Automobil**

*wann: ...*

*Beschreibung: ...*

*...*

*...*

3. Teilt den Vortrag auf:
   - Wer übernimmt den Lebenslauf des Erfinders?
   - Wer übernimmt die Beschreibung der Erfindung?

4. Schreibe wichtige Stichwörter auf Kärtchen.
   Sortiere die Kärtchen in der richtigen Reihenfolge.
   Präge dir die Stichwörter ein.
   Übe deinen Vortrag vor dem Spiegel.

5. Halte den Vortrag vor deinem Partner und beachte die Tipps.
   Dein Partner gibt dir Rückmeldung.

**Tipps zum Vortrag**

- Stelle dich ruhig hin.
- Schau die Zuhörer an.
- Sprich laut, langsam und deutlich.
- Zeige während des Vortrags auf die Bilder.

6. Haltet nun gemeinsam den Vortrag vor der Klasse.
   Die Zuhörer schreiben Schlüsselwörter auf.

# Prädikat und Subjekt

Mein Name ist Berta Benz. Ich bin die Frau von Carl Benz. Zuerst waren die meisten Menschen gegen das Auto ...

1. Was wisst ihr über Carl Benz und das erste Auto?

Carl Benz · baute · das erste Auto.

**baute** ist der Satzkern

Wer baute das erste Auto?

2. Bestimme mit einem Partner das Prädikat und das Subjekt in den folgenden Sätzen.

Die Leute fürchteten das Fahrzeug.

Die Pferde scheuten vor dem lauten Knattergeräusch.

Empörte Bauern drohten mit Mistgabeln.

Die Polizei verhängte ein Fahrverbot.

**Subjekt**

Mit der Frage „Wer oder was tut etwas?" findest du das Subjekt.

3. Schreibe die Sätze ab. Kreise das Prädikat (grün) ein und frage nach dem Subjekt. Unterstreiche das Subjekt gelb.
Die Leute (fürchteten) das Fahrzeug.

4. Finde auf den Wegen Sätze und schreibe sie auf.
   Kreise das Prädikat ein und unterstreiche das Subjekt.

   <u>Carl Benz</u> (baute) ....

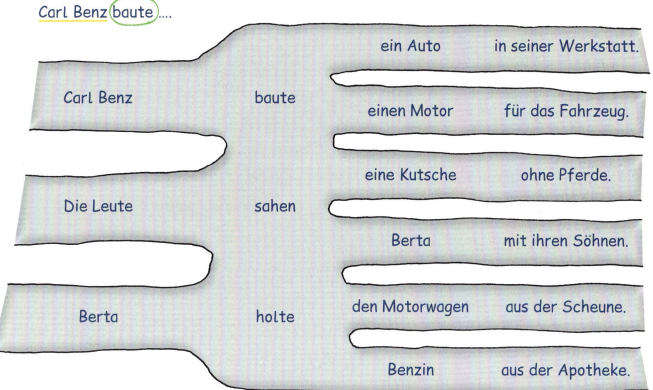

| | | | |
|---|---|---|---|
| | | ein Auto | in seiner Werkstatt. |
| Carl Benz | baute | einen Motor | für das Fahrzeug. |
| | | eine Kutsche | ohne Pferde. |
| Die Leute | sahen | Berta | mit ihren Söhnen. |
| Berta | holte | den Motorwagen | aus der Scheune. |
| | | Benzin | aus der Apotheke. |

5. Schreibe den Text ab. Kreise die Prädikate
   grün ein und unterstreiche das Subjekt gelb.
   Vergleiche mit einem Partner.

### Fahrt mit Hindernissen

*Berta und ihre Söhne wollten nach Pforzheim
fahren. Die Reise führte über holprige Wege.
Manchmal schob die kleine Reisegesellschaft das
Auto bergauf.*

*Bald tauchte das erste Problem auf. Der Tank war
leer. In einer Apotheke kaufte Berta Benzin. Später
reinigte Berta die verstopfte Benzinleitung mit ihrer
Haarnadel. Am Abend erreichte die Familie ihr Ziel.
Nun interessierten sich die Leute für die neue
Fahrmaschine.*

6. Erfinde das Auto der Zukunft.
   Wie sieht es aus? Was soll es alles können?
   Male ein Bild.

# Adjektive – Vergleichsstufen

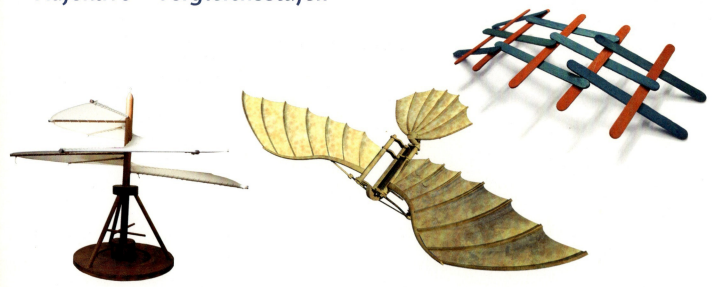

**Leonardo da Vinci – ein Universalgenie**

*Leonardo da Vinci ist bis heute einer der ❓ Maler.*
*Die Menschen und die Natur studierte er sehr genau.*
*Er schuf das wohl ❓ Bild der Welt: die Mona Lisa.*
*Leonardo war sehr wissbegierig. So kam er auf*
*die ❓ Erfindungen und konstruierte die ❓ Maschinen.*
*Er war seiner Zeit so weit voraus, dass nur die ❓ seiner*
*Pläne umgesetzt wurden. Erst Jahrhunderte später*
*gab es die technischen Möglichkeiten, um seine*
*Erfindungen zu verwirklichen.*

1. Betrachtet die Erfindungen und lest den Text.
   Welche Ideen sind heute verwirklicht? Nennt Beispiele.

2. Schreibe den Text ab und setze passende Adjektive in
   der 2. Vergleichsstufe ein:

   <u>Leonardo da Vinci – ein Mann der Superlative</u>
   Leonardo da Vinci ist bis heute einer der bekanntesten
   Maler.

   | bekannt | genial | unglaublich | berühmt | wenig |
   |---------|--------|-------------|---------|-------|

3. Bilde die Vergleichsstufen zu den Adjektiven aus Aufgabe 2:

   | Grundstufe | 1. Vergleichsstufe | 2. Vergleichsstufe |
   |------------|--------------------|--------------------|
   | bekannt | bekannter als | am bekanntesten |

# Zusammengesetzte Adjektive

Farben lassen sich nicht steigern.
Aber wir können Farben genauer benennen, wenn wir sie mit
einem Nomen zusammensetzen.

Perle   Himmel

Zitronen   Raben

Feuer   Rost

Reh   Gras

Tannen   Blut

Pech   Sonnen

Veilchen   Schnee

1. Bilde zusammengesetzte Adjektive. Schreibe so:

    Perle + weiß = perlweiß

2. Bilde weitere zusammengesetzte Adjektive mit folgenden
   Vergleichen. Schreibe so:

    schön wie ein Bild: bildschön

    > schön wie ein Bild    kalt wie Eis
    >
    > leicht wie eine Feder    rund wie eine Kugel
    >
    > schnell wie ein Blitz    still wie ein Mäuschen
    >
    > hell wie der Tag    glatt wie ein Spiegel
    >
    > scharf wie ein Messer

 3. Übe den folgenden Text als Partnerdiktat.

### Ein Genie

*Leonardo da Vinci war nicht nur ein Erfinder,
sondern auch ein großartiger Maler und Wissen-
schaftler. Das Gemälde der Mona Lisa ist weltberühmt. Der Künstler arbeitete mehr als drei Jahre
an diesem Bild. Als es fertig war, wollte er es nicht
mehr hergeben. Als er sechzehn Jahre später starb,
befand sich das Bild noch immer in seinem Besitz.*

# ie in der offenen Silbe

i oder ie?

Einsilbige Wörter leite ich von der zweisilbigen Form ab, weil …

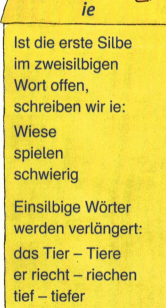

1. Welche Wörter schreiben wir mit ie?

2. Warum bildet Hanna bei einsilbigen Wörtern zuerst die zweisilbige Form?

3. Schreibe die folgenden Wörter ab und setze i oder ie ein. Bilde zuerst die zweisilbige Form. Vergleiche mit einem Partner.

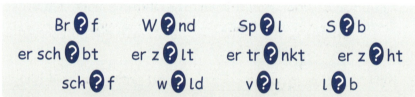

4. Bilde zu dem Wortstamm „spiel" eine Wortfamilie mithilfe der Vor- und Nachsilben:

mitspielen, …

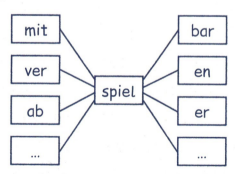

5. Ergänze mithilfe weiterer Vor- und Nachsilben die Wortfamilie. Welche Wörter hat dein Partner gefunden?

**ie**

Ist die erste Silbe im zweisilbigen Wort offen, schreiben wir ie:

Wiese
spielen
schwierig

Einsilbige Wörter werden verlängert:

das Tier – Tiere
er riecht – riechen
tief – tiefer

Die Blindenschrift wird mit den Fingern „gelesen". Sie wird nach ihrem Erfinder auch Brailleschrift genannt.

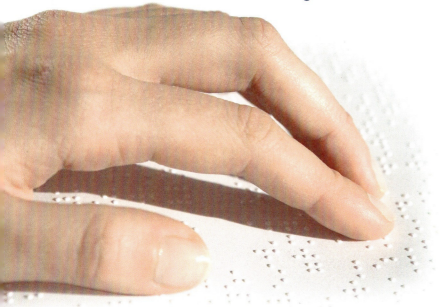

| A | B | C | D | E | F |
|---|---|---|---|---|---|
| G | H | I | J | K | L |
| M | N | O | P | Q | R |
| S | T | U | V | W | X |
| Y | Z | Ä | Ö | Ü | ß |

6.  Erforscht die Blindenschrift:

    •  Aus wie vielen Punkten besteht die Brailleschrift?

    •  Warum können die Buchstaben ertastet werden?

    •  Wie können blinde Menschen Medikamente erkennen?

7.  Entschlüssle die Wörter:

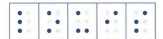 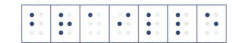

8.  Schreibe eigene Wörter in Blindenschrift auf ein Blatt. Tausche das Blatt mit einem Partner aus und „übersetze" in unsere Buchstabenschrift.

9.  Schreibe den folgenden Text ab und setze i oder ie ein.

### Sechs Punkte verändern die Welt

*Louis Braille verl❓rt im Alter von v❓r Jahren sein Augenl❓cht. Er wird n❓ mehr sehen können. Sein Vater schlägt Rundkopfnägel in einen Sp❓lwürfel. Vors❓chtig sch❓bt Louis seine F❓ngerkuppen über die Nägel. So kann er Zahlen erkennen. Sein Z❓l ist es, eine brauchbare Schr❓t für bl❓nde Menschen zu entw❓ckeln. M❓t 15 Jahren erf❓ndet Louis die moderne Bl❓ndenschr❓ft, die aus nur sechs Punkten besteht.*

Immer wenn Lukas länger als ein paar Minuten an einer Hausaufgabe sitzt, träumt er von einer Hausaufgabenmaschine.

*Mit so einer Maschine könnte ich alle Aufgaben schnell und wie im Schlaf erledigen. Auf dem Tastenfeld tippe ich die Klasse, das entsprechende Fach und die Überschrift der Aufgabe ein und im Nu druckt die Maschine die fertige Seite aus. Soll eine Geschichte geschrieben werden, kann ich zwischen „Mädchen" und „Jungen" wählen. Das längste Gedicht oder hundert Vokabeln in Englisch sind kein Problem. Ich wähle das Programm „easy high learning" und setze den Kopfhörer auf. Während ich mich beim Mittagsschlaf entspanne, fließen die Strophen und Vokabeln in mein Gedächtnis und werden nicht mehr vergessen.*

1. Betrachtet das Bild. Was kann Lukas' Traummaschine.

2. Lest den Text. Welche Funktionen hat Lukas' Hausaufgabenmaschine?

3. Wie sieht deine „Traummaschine" aus? Male eine Bild und beschreibe.

4. Stelle deine Maschine in der Gruppe vor.

# Texte planen – „Kopfkino"

Die Lehrerin lädt die Kinder der Klasse 3 c zu
einer Fantasiereise ein:

„Wir spielen ‚Kopfkino'. Schließt die Augen und hört der Musik
zu. Stellt euch eine magische Maschine oder ein anderes
Hilfsmittel vor, das euch im Nu an ferne Orte oder in längst
vergangene Zeiten bringt. Was erlebt ihr auf eurer Reise?
Verstummt die Musik, ist die Reise zu Ende."

**Kopfkino**

Man schließt die
Augen und stellt sich
etwas vor.

1. Erzählt:
   - Wohin reisen die Kinder?
   - Womit reisen sie?

2. Spiele selbst „Kopfkino" und begib dich
   mit einem der Kinder auf die Reise.

3. Schreibe dein Erlebnis in der richtigen Reihenfolge
   in Stichwörtern auf.

4. Bildet Gruppen und erzählt eure Geschichten
   mithilfe der Stichwörter.

5. Schreibe deine Geschichte auf.
   Bilde zu den Stichwörtern ganze Sätze.
   Finde eine passende Überschrift.
   Du kannst auch ein Bild von deiner „Reisemaschine" malen.

**Stichwortzettel**
- dunkles Gewölbe
- geheimnisvolle Maschine
- roter Knopf
- schwindelerregende Fahrt
- weite Steppe
- riesige Farne
- ohrenbetäubendes Brüllen
- turmhohe Saurier
- …

# Texte erschließen – Redewendungen

| | | |
|---|---|---|
| eiskalt den Rücken hinunterlaufen | seinen Augen nicht mehr trauen | vor Schreck den Atem anhalten |
| wie angewurzelt stehen bleiben | wie verwundert die Augen reiben | die Nerven sind zum Zerreißen gespannt |
| mit den Zähnen klappern | vor Angst blass werden | die Knie zittern |

1. Erklärt die Redewendungen mit eigenen Worten und ordnet sie den Oberbegriffen „Angst haben" und „überrascht sein" zu.

2. Trage sie in eine Tabelle ein:

| Angst haben | überrascht sein |
|---|---|
| eiskalt den Rücken … | seinen Augen … |

Plötzlich bebte die Erde und ein ohrenbetäubendes Brüllen ertönte. Ich blieb ❓ stehen und hielt vor ❓ an. Aus dem Hinterhalt schoss ein T-Rex auf die Herde der Brontosaurier zu. Mir lief es ❓ hinunter. Die Herde flüchtete in alle Richtungen. Was würde geschehen? Meine Nerven waren ❓ gespannt. Da schlug der Räuber zu. Die übrigen Brontosaurier konnten entkommen. Langsam legte sich meine Anspannung, aber noch zitterten ❓ .

3. Schreibe den Text und setze geeignete Ausdrücke aus der Tabelle ein.

4. Wie geht die spannende Geschichte weiter?

# Eine Fantasiegeschichte planen und schreiben

### Besuch bei Professor Irrwisch

*Laura und Jan besuchten ihren Freund Professor Irrwisch. Er führte sie in seine Werkstatt und sagte: „Heute zeige ich euch meine neueste Erfindung!" Gespannt folgten ihm die Kinder, als plötzlich das Telefon klingelte. Der Erfinder mahnte eindringlich: „Rührt bitte nichts an, ich bin gleich wieder da!" Neugierig näherten sie sich der blinkenden Maschine ...*

1. Spiele „Kopfkino". Wie geht deine Fantasiegeschichte weiter? Wie kehren Laura und Jan zum Schluss in die Wirklichkeit zurück?

2. Schreibe deine Gedanken in Stichworten auf.

3. Ergänze das Wortfeld „sehen". Vergleiche mit einem Partner.

   entdecken | sehen | erspähen

   **Stichwortzettel**
   - ...
   - ...
   - ...

4. Schreibe mit den Stichworten eine Geschichte in der 1. Vergangenheit.

5. Geht mit eurer Geschichte in die Schreibkonferenz mit folgenden Stationen:

   | Wörtliche Rede | 1. Vergangenheit |
   | Gefühle | Schluss: Rückkehr in die Wirklichkeit |

6. Überarbeite deine Geschichte.

# Was habe ich gelernt? – 7

**i oder ie?** (Seite 76, 77)

1. Entscheide, ob du i oder ie einsetzen musst.

> Z**?**ge    L**?**nde    R**?**nde    B**?**ne    Sch**?**ne    g**?**ßen
> W**?**se    T**?**nte    S**?**lber    Sp**?**gel    W**?**nde    b**?**nden

2. Bilde zuerst die zweisilbige Form und entscheide dann, ob i oder ie.

> B**?**ld    S**?**b    K**?**nd    W**?**nd    St**?**r    Sp**?**l    Sch**?**ld    K**?**s

3. Denke zuerst an die zweisilbige Form und entscheide dann, ob i oder ie.

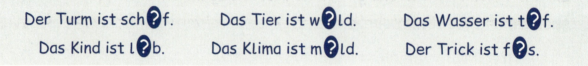

> Der Turm ist sch**?**f.    Das Tier ist w**?**ld.    Das Wasser ist t**?**f.
> Das Kind ist l**?**b.    Das Klima ist m**?**ld.    Der Trick ist f**?**s.

4. Bilde zuerst die Grundform und entscheide, ob i oder ie.

> er sp**?**lt    er schw**?**mmt    er l**?**gt    er fl**?**gt    er w**?**nkt
> er z**?**ht    er n**?**st    er sch**?**lt    er tr**?**nkt    er spr**?**ngt
> er s**?**ngt    er sch**?**bt    er sp**?**nnt    er schn**?**ft    er g**?**ßt

**Prädikat (Satzkern)** (Seite 62, 63) **und Subjekt** (Seite 72, 73)

5. Schreibe die Sätze ab. Kreise die Prädikate (grün) ein und unterstreiche die Subjekte gelb.

> Am Wochenende begleitet Jana die Mannschaft zum Handballspiel.
>
> In den Sommerferien besucht Max seine Großeltern in Berlin.
>
> Im Zoo beobachtet Anna die spielenden Affenkinder.
>
> Julia hilft ihrem Vater bei der Hausarbeit.

6. Schreibe die Sätze. Kreise die Prädikate (grün) ein und unterstreiche die Subjekte gelb.

> verabreden sich    Samira und Sara    morgens
>
> Klavier    Karim    täglich    übt
>
> macht    mit dem Förster    die Klasse    einen Lerngang
>
> spielt    Fußball    Tim    mit seinen Freunden
>
> an die Tafel    die Lehrerin    schreibt
>
> die Lehrerin    freundlich    die Schüler    begrüßen

## Zusammengesetzte Adjektive (Seite 75)

7. Bilde zusammengesetzte Adjektive und schreibe die Sätze.

> Der Kuchen ist <u>weich wie Butter</u>.

> Das Kind ist <u>nass wie ein Pudel</u>.

> Die Hände sind <u>kalt wie Eis</u>.

> Der Himmel ist <u>schwarz wie Pech</u>.

> Annas Gesicht ist <u>weiß wie Kreide</u>.

> Der Pullover ist <u>grün wie Gras</u>.

## Eine Fantasiegeschichte schreiben (Seite 81)

*Einmal lag ich in meiner Hängematte. Plötzlich begann sie wild zu schaukeln und hob ab. Unter mir flog die Landschaft vorbei. Auf einmal verringerte sie die Geschwindigkeit und setzte zur Landung an. Da hörte ich ein ohrenbetäubendes Geräusch ...*

8. Wie könnte die Geschichte weitergehen? Spiele Kopfkino und notiere deine Gedanken in Stichwörtern. Schreibe die Geschichte. Denke an:

> 1. Vergangenheit

> Wörtliche Rede

> Gefühle

> Rückkehr in die Wirklichkeit

## Üben mit Wortkarten (Seite 147)

9. Übe schwierige Wörter. Schreibe sie auf Karteikarten.

## *Lerntagebuch*

- Schreibe in dein Lerntagebuch, was du gelernt hast.
- Beurteile, wie gut du die Aufgaben kannst. Male ☺ ☺ ☹.
- Wie hast du dich angestrengt? Male ☺ ☺ ☹.
- Was möchtest du noch üben?

<u>Was habe ich gelernt?</u>

- Ich kann entscheiden, wann ich i oder ie schreibe.
- Ich kann das Subjekt in einem Satz bestimmen.
- Ich kann aus Nomen und Adjektiven zusammengesetzte Adjektive bilden.
- Ich kann eine Fantasiegeschichte schreiben.

<u>So habe ich mich angestrengt:</u>

<u>Das möchte ich noch bis ... üben:</u>

# Von Kindern und Tieren

Im Garten haben wir Zwergkaninchen.

Ich habe ein Aquarium mit verschiedenen Fischen.

Ich wünsche mir zwei Wellensittiche.

Wir haben eine Katze. Sie hat ein getigertes Fell.

Ich habe in meinem Zimmer ein Meerschweinchen.

Unsere Labradorhündin heißt Bella.

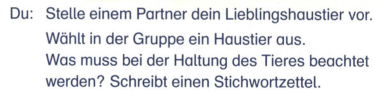

1. Welche Haustiere nennen die Kinder?

2. Ich: Beschreibe dein Lieblingshaustier in Stichworten.

   Du: Stelle einem Partner dein Lieblingshaustier vor.

   Wählt in der Gruppe ein Haustier aus.
   Was muss bei der Haltung des Tieres beachtet werden? Schreibt einen Stichwortzettel.

   | Fütterung | Training | Urlaub |
   | --- | --- | --- |
   | Tierarzt | Schmutz | … |

   Wir: Stellt eure Ergebnisse in der Klasse vor.
   Die Zuhörer schreiben Schlüsselwörter auf und sprechen darüber.

3. Was hast du mit einem Haustier erlebt?
   Schreibe auf.

# Tabellen lesen – argumentieren

Jonas und Lena wünschen sich eine Katze.
Deshalb tagt der Familienrat der Familie Fischer.

Wir können 50 Euro im Monat für das Tier ausgeben.

Ich möchte mit der Katze spielen.

Wir müssen gemeinsam auf die Sauberkeit in der Wohnung achten.

Ich möchte sie streicheln und mit ihr schmusen.

Die Kosten, Wünsche und Bedenken sind in der Tabelle dargestellt.

| | Hund | Katze | Vogel | Meer-schweichen | Kaninchen | Fische |
|---|---|---|---|---|---|---|
| **Ausgaben für Futter, Ausrüstung, Tierarzt ...** | | | | | | |
| zirka 10 Euro im Monat | – | – | + | + | + | + |
| zirka 50 Euro im Monat | – | + | + | + | + | + |
| zirka 80 Euro im Monat | + | + | + | + | + | + |
| **Ich wünsche mir ein Tier zum ...** | | | | | | |
| Pflegen und Versorgen | + | + | ○ | + | + | ○ |
| Schmusen und Streicheln | + | + | ○ | + | + | – |
| Herumtoben im Freien | + | – | – | – | – | – |
| Kunststücke-Beibringen | + | ○ | ○ | – | – | – |
| Reden | + | ○ | ○ | ○ | ○ | – |
| **Die Eltern sorgen sich über ...** | | | | | | |
| Schmutz in der Wohnung | – | ○ | ○ | ○ | ○ | + |
| Einschränkungen im Urlaub | – | ○ | ○ | ○ | ○ | + |
| zusätzliche Arbeit | – | ○ | ○ | ○ | ○ | + |

Legende: **+** gut geeignet   ○ weniger geeignet   **–** nicht geeignet

1. Ist eine Katze für Jonas und Lena geeignet?
   Begründet anhand der Tabelle.

2. Argumentiert mithilfe der Tabelle:
   • Welche Tiere eignen sich für Familie Fischer?
   • Welche Tiere eignen sich nicht?

3. Welche Tiere verursachen wenig Schmutz
   und schränken im Urlaub wenig ein?

4. Stelle einem Partner weitere Fragen zur Tabelle.

Für Familie Fischer eignet sich ..., weil ...

# 2. Vergangenheit

Malte verbringt die Ferien mit seiner Familie an der Nordsee. Dort besuchen sie eine Seehundaufzuchtstation.

Die Tierpflegerin erzählt von der Rettung des jüngsten Seehundbabys.

„Vor einer Woche **hat** uns eine Urlauberin **angerufen**. Sie **hat** uns über ein hilfloses Seehundbaby **informiert**. Sofort **sind** wir **losgefahren**. Auf dem trockenen Watt **haben** wir es in der prallen Sonne **gefunden**. In einer Transportkiste **haben** wir es **hergebracht**. Es **hat** nur sieben Kilogramm **gewogen**.“

## Die 2. Vergangenheit

Die **2. Vergangenheit** wird mit den Hilfsverben haben und sein gebildet:
Ich bin gefahren.
Ich habe gerufen.

1. Was erzählt die Tierpflegerin von dem Seehundbaby?
2. Schaut euch die markierten Verben an. Was fällt euch auf?
3. Schreibe die Verben auf und setze sie in die Gegenwart:
   sie hat angerufen – sie ruft an
4. Trage die Verben in der ich-Form in die Tabelle ein. Vergleiche mit einem Partner.

| Grundform | Gegenwart | 1. Vergangenheit | 2. Vergangenheit |
|---|---|---|---|
| anrufen | ich rufe an | ich rief an | ich habe angerufen |

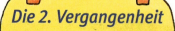

| | | | | |
|---|---|---|---|---|
| gehen | füttern | kommen | lachen | laufen |
| trinken | rennen | essen | springen | verlieren |

5. Ordne die Verbformen in die Tabelle ein und ergänze.

| Grundform | Gegenwart | 1. Vergangenheit | 2. Vergangenheit |
|---|---|---|---|
| | | er blieb | |

| | | | |
|---|---|---|---|
| er blieb | sie isst | wir fallen | er hat gegeben |
| sie halten | er ist gegangen | sie hieß | du gibst |
| ich ließ | sie kann | er ist gelaufen | ihr kommt |

**Malte erzählt:**

*„Nach der Rettung hat die Tierärztin das Seehund-baby untersucht. Sie hat die Temperatur, die Atmung und den Herzschlag kontrolliert.*
*Dann hat sie das Seehundbaby gewogen und einen Ernährungsplan aufgestellt. Alle vier Stunden hat die Tierpflegerin ihm Nahrung eingeflößt.*
*Als es 35 Kilogramm gewogen hat, haben die Tierpfleger das Seehundbaby auf seine Freilassung ins Meer vorbereitet.“*

6. Malte schreibt das Erlebnis mit dem Seehundbaby auf.
   Schreibe den Text in der 1. Vergangenheit.
   Vergleiche mit einem Partner.
   <u>Aufzucht in der Seehundstation</u>
   Nach der Rettung untersuchte …

7. Betrachtet das Bild: Wie wird das Seehundbaby ernährt?

# Einen Text verstehen und erschließen

Lara ist neun Jahre alt. Seit einem Verkehrsunfall ist sie querschnittsgelähmt und sitzt im Rollstuhl. In ihrem Tagesablauf benötigt sie oft Hilfe. Mit dem „Rolli" kann sie sich in der Wohnung und in der näheren Umgebung fortbewegen.

Vor einem Jahr bekam Lara einen Hund. Donar ist als Rollstuhlbegleithund ausgebildet worden. Er hilft Lara, die Schwierigkeiten im Alltag besser zu meistern. Donar ist Laras bester Freund.

 1. Was erfahrt ihr über Laras Behinderung?

 2. Versetze dich in Laras Lage. Welche Tätigkeiten sind für Lara schwierig? Tausche dich mit einem Partner aus.

3. Betrachte die Bilder. Wie kann Donar Lara helfen? Schreibe auf:

   a: Donar öffnet die Tür.

4. Wie können Tiere behinderten Menschen im Alltag noch helfen?

# Fremdwörter auf -ieren

| | |
|---|---|
| Die Ärzte müssen Lara | kontrollieren. |
| Lara will sich | dressieren. |
| Die Trainerin soll Donar | operieren. |
| Die Trainerin muss das Halsband | frisieren. |
| Lara geht gern mit Donar | spazieren. |

1. Ergänze und schreibe die Sätze mit dem passenden Wort auf -ieren.

2. Welche Bedeutung haben die Fremdwörter auf -ieren? Ordne mit einem Partner zu.

| | | |
|---|---|---|
| addieren | a | etwas hinzufügen |
| reparieren | b | schnellste Gangart des Pferdes |
| komponieren | c | jemanden bloßstellen |
| marschieren | d | Beifall spenden |
| galoppieren | e | einen Chor leiten |
| blamieren | f | einen Schaden beheben |
| dirigieren | g | eine Strecke schnell gehen |
| applaudieren | h | eine Melodie erfinden |

**Fremdwörter auf -ieren**

Die Verbindung -ieren ist eine typische Nachsilbe in Fremdwörtern, die aus dem Lateinischen stammen:
addieren

3. Schreibe die Fremdwörter auf -ieren und ihre Bedeutung auf:

| Verben auf -ieren | Bedeutung |
|---|---|
| addieren | etwas hinzufügen |

4. Suche weitere Fremdwörter auf -ieren. Benutze das Wörterbuch.

Die Betonung liegt immer auf der Silbe mit ie.

# Lautlose Jäger

*Fledermäuse leben in Gebieten mit vielen Insekten, zum Beispiel an Gewässern oder in Parks. Im Sommer ziehen sie auf Dachböden, in Baumhöhlen oder in Scheunen ihre Jungen groß. In Felshöhlen, Stollen, Kellern oder Ruinen halten sie ihren Winterschlaf.*

*Fledermäuse sind die einzigen Säugetiere in Europa, die fliegen können. Die Flughäute sind zwischen den Fingern und den Hinterbeinen aufgespannt. Zum Schlafen hängen sie kopfabwärts mit den Hinterzehen an der Decke. Ihr dichtes Fell ist grau bis braun, die Bauchseite ist heller als der Rücken.*

*Fledermäuse ernähren sich hauptsächlich von Insekten. Sie jagen im Dunkeln. Sie stoßen für die Menschen nicht hörbare Laute aus, die als Echo von den Insekten zurückgeworfen werden. Mit ihren großen Ohren fangen die Fledermäuse das Echo wieder auf. So weiß die Fledermaus genau, wo sich ihre Beute aufhält.*

*Zu den Feinden der Fledermäuse zählen Katzen, Marder und Eulen. Die größte Gefahr geht vom Menschen aus: Scheunen werden abgerissen, Schädlingsbekämpfung mit chemischen Mitteln zerstört ihre Nahrungsgrundlage.*

1. **Ich:** Lies die Absätze.
   Ordne sie folgenden Zwischenüberschriften zu:

   ( Aussehen )  ( Lebensraum )  ( Nahrung )  ( Feinde )

   **Du:** Tausche dich mit einem Partner aus.
   Erstellt eine Mindmap. Ergänzt die Oberbegriffe mit
   Informationen aus den Texten.
   Informiert euch in Sachbüchern oder im Internet über
   Fledermäuse. Ergänzt eure Mindmap.
   Sammelt Bilder und gestaltet ein Plakat.

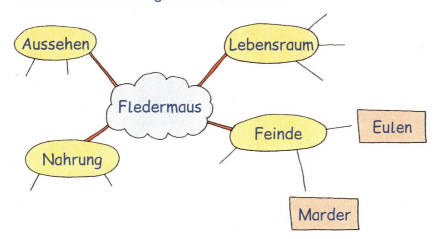

   **Wir:** Stellt euer Plakat in der Klasse vor.

2. Fledermäuse zählen in Deutschland zu den stark
   gefährdeten Säugetieren. Nennt Gründe.

3. Wie kann man Fledermäuse schützen?
   Befragt Experten. Schreibt Schlüsselwörter auf.

4. Was könnt ihr zum Schutz der Fledermäuse beitragen?
   Besprecht euch in der Gruppe.

# Bauanleitung verstehen – Fledermauskasten

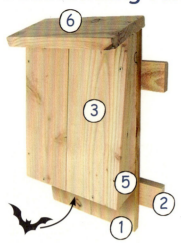

1. Rückwand
2. Aufhängeleisten
3. Vorderwand
4. Einflugleiste
5. Seitenwände
6. Dach

Alle Holzverbindungen verleimen, damit der Fledermauskasten zugfrei ist.

a

Aufhängeleisten auf Rückwand schrauben

b

Seitenwände an Rückwand schrauben

c

Einflugleiste auf Vorderwand schrauben

d

Vorderwand auf Seitenwände schrauben

e

Kanten mit Feile anschrägen

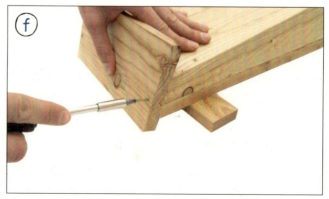

f

Dach aufschrauben

# Eine Bauanleitung schreiben

1. Betrachtet den fertigen Fledermauskasten.
   Ordnet die Einzelteile zu.

2. Schaue dir die einzelnen Arbeitsschritte genau an.

3. Beschreibe einem Partner ausführlich die Arbeitsschritte.

4. Baut in der Gruppe einen Fledermauskasten.
   Lasst euch dabei von einem Erwachsenen helfen.

5. Schreibe eine ausführliche Bauanleitung für
   einen Fledermauskasten:

   Bau eines Fledermauskastens

   Benötigte Materialien: – vorgefertigte Holzteile

                   – …

   Zuerst schrauben wir …

> **Bauanleitung**
>
> Eine Bauanleitung ist ein Sachtext. Er steht in der Gegenwart.

| Tipps für Satzanfänge: | Tipps für Verben: |
|---|---|
| zuerst, dann, darauf, nun, jetzt, danach, zuletzt, als Nächstes, anschließend, zum Schluss | schrauben, montieren, zusammenfügen, festschrauben, anschrauben, befestigen, Fugen abdichten |

6. Lies deine Bauanleitung in der Schreibkonferenz mit
   folgenden Stationen vor. Überarbeite die Anleitung.

   Gegenwart

   Sind die einzelnen Schritte genau beschrieben?

   vollständige Materialliste

   richtige Reihenfolge der Arbeitsschritte

7. Die fertigen Fledermauskästen könnt ihr zusammen
   mit einem Erwachsenen aufhängen:
   - Hängt die Fledermauskästen in 4 bis 6 Metern
     Höhe an Bäumen, Scheunenwänden … auf.
   - Hängt etwa 3 bis 4 Kästen im Umkreis von
     etwa 20 Metern auf.
   - Die Kästen sollen nach Osten oder Süden ausgerichtet
     sein, jedoch nicht in der prallen Sonne hängen.

# Was habe ich gelernt? – 8

**Verben auf -ieren** (Seite 89)

1. Setze passende Verben auf -ieren in der richtigen Personalform ein.

Das Pferd ❓ über die Wiese.　　　　Der Chorleiter ❓ den Chor.
Der Zirkusdirektor ❓ die Papageien.　Der Arzt ❓ den Patienten.
Das Publikum ❓ begeistert.　　　　Die Familie geht im Park ❓.
Der Installateur ❓ die kaputte Leitung.　Der Musiker ❓ eine neue Melodie.
Beim Schachspiel müssen die Spieler ❓.　Der Polizist ❓ den Ausweis.

operieren　galoppieren　applaudieren　dirigieren　dressieren
kontrollieren　reparieren　spazieren　komponieren　kombinieren

2. Schreibe zu den Nomen die passenden Verben.

Dressur　Frisur　Marsch
Addition　Probe　Gratulation
Kur　Kontrolle　Division

gratulieren　kurieren　probieren
dressieren　kontrollieren　dividieren
frisieren　marschieren　addieren

**Die 2. Vergangenheit** (Seite 86, 87)

3. Schreibe die Verben in die Tabelle und ergänze.

| Grundform | Gegenwart | 1. Vergangenheit | 2. Vergangenheit |
|---|---|---|---|
|  |  |  |  |

ich male　sie gehen　sie sind geschwommen　du läufst
wir wanderten　er lacht　ihr habt gerechnet　wir hüpfen
du bist gerannt　sie schnitt　ich gebe　er rief

4. Schreibe den Text in der 1. Vergangenheit auf.

„Heute Morgen habe ich den Wecker nicht gehört. Als ich endlich aufgewacht bin, habe ich einen ordentlichen Schrecken bekommen. Hastig habe ich mich angezogen und bin in die Schule gerannt. Atemlos bin ich angekommen und habe an unsere Klassenzimmertür geklopft. Leise habe ich die Tür geöffnet, doch es ist niemand da gewesen. Da ist mir eingefallen, dass der Unterricht heute eine Stunde später beginnt!"

**Eine Bauanleitung für ein Ohrwurmhäuschen schreiben** (Seite 93)

Ohrwürmer sind nützliche Helfer im Garten, da sie nachts gerne Blattläuse fressen. Am Tag fühlen sie sich in einem schattigen Ohrwurmhäuschen wohl.

5. Schreibe eine Bauanleitung für ein Ohrwurmhäuschen. Nenne die benötigten Materialien und beschreibe die einzelnen Schritte ausführlich. Lies die Bauanleitung zum Schluss noch einmal. Hast du an alles gedacht?

Du brauchst:

**Üben mit Wortkarten** (Seite 147)

6. Übe schwierige Wörter. Schreibe sie auf Karteikarten.

## Lerntagebuch

- Schreibe in dein Lerntagebuch, was du gelernt hast.
- Beurteile, wie gut du die Aufgaben kannst. Male ☺ 😐 ☹.
- Wie hast du dich angestrengt? Male ☺ 😐 ☹.
- Was möchtest du noch üben?

Was habe ich gelernt?

- Ich kann die 2. Vergangenheit bilden.
- Ich schreibe Verben, die auf -ieren enden, richtig.
- Ich kann eine ausführliche Bauanleitung schreiben.

So habe ich mich angestrengt:

Das möchte ich noch bis ... üben:

## Natur erleben und entdecken

1. Betrachtet die Fotos genau.
   Um welche Tiere handelt es sich?

2. Was weißt du über die Tiere?
   Tausche dich mit einem Partner aus.

3. Schließt jetzt das Sprachbuch und nennt die Tiere aus dem
   Gedächtnis. Wer schafft alle neun am schnellsten?

## Einen Steckbrief schreiben

(A) Der Wasserfrosch gehört zu den Amphibien. Sein Rücken ist grasgrün bis gelbgrün gefärbt und hat dunkle Flecken. Er erreicht eine Körperlänge von 5 – 7 cm.

(B) Er kann bis zu 10 Jahren alt werden.

(C) Tümpel, Teiche und kleine Seen mit vielen Wasserpflanzen mag der Frosch am liebsten.

(D) Er frisst Insekten, Würmer und Schnecken. Er lauert auf seine Beute und schnappt blitzschnell zu oder er fängt sie mit einem großen Sprung.

(E) Zu den Fressfeinden des Wasserfrosches zählen Ringelnattern, Graureiher, Füchse und Marder.

(F) Im Mai/Juni legt das Weibchen 400 – 4500 Eier als Laichballen ab, die es an Wasserpflanzen anheftet. Innerhalb von 2 – 3 Monaten entwickeln sich die Kaulquappen zu Jungfröschen.

1. Ich: Lies die Textabschnitte und ordne sie den passenden Stichwörtern zu.

    Alter   Entwicklung   Nahrung

    Aussehen   Feinde   Lebensraum

    Du: Tauscht euch aus. Erstellt einen Steckbrief zum Wasserfrosch. Sucht in jedem Abschnitt die wichtigsten Wörter, die zu den Stichwörtern passen.

    Wir: Stellt eure Steckbriefe in der Klasse vor.

2. Informiere dich in Büchern und im Internet über andere Tiere, die im oder am Wasser leben. Wähle ein Tier aus und gestalte einen Steckbrief.

3. Stellt die Tiere anhand der Steckbriefe vor.

Wasserfrosch

Aussehen: grasgrün bis gelbgrün mit dunklen Flecken

Alter:

Lebensraum:

Nahrung:

Feinde:

Entwicklung:

# Tabellen lesen und verstehen

| Name | maximale Flug-geschwindigkeit | Flugstrecke pro Jahr | Länge | Gewicht |
|---|---|---|---|---|
| Wanderfalke | 300 km/h | 10 000 km | 40 cm | 1 kg |
| Rauchschwalbe | 80 km/h | 12 000 km | 22 cm | 20 g |
| Gartenrot-schwanz | 25 km/h | 8 000 km | 14 cm | 15 g |
| Weißstorch | 50 km/h | 10 000 km | 100 cm | 4 kg |
| Pfuhlschnepfe | 60 km/h | 25 000 km | 40 cm | 400 g |
| Regenpfeifer | 55 km/h | 36 000 km | 28 cm | 40 g |

1. Wie heißen die Vögel?
   Schaue in der Tabelle nach und ordne die Namen zu.

 2. Tausche dich mit einem Partner aus. Begründe.

3. Beantworte folgende Fragen mithilfe der Tabelle:
   Der schwerste Vogel ist der Weißstorch.

> Nummer 2 ist die Rauchschwalbe, weil ...

- Welcher Vogel ist am schwersten?
- Welche Vögel sind gleich lang?
- Welcher Vogel legt die weiteste Strecke zurück?
- Wie viel wiegt der Gartenrotschwanz?
- Welcher Vogel ist am schnellsten?
- Welcher Vogel fliegt dreimal so weit wie die Rauchschwalbe?

4. Schreibe selbst Fragen und Antworten auf.

5. Stellt eure Fragen in der Gruppe.

# Zusammengesetzte Nomen

? – Milan

? – Fink

? – Specht

? – Meise

? – Specht

? – Reiher

? – Storch

? – Gans

1. Kennst du die Vögel?
   Die Namen der Vögel bilden sich aus einem Adjektiv und
   dem Namen:

   rot – der Milan: der Rotmilan

   | | | | |
   |---|---|---|---|
   | grau | grau | schwarz | bunt |
   | rot | weiß | blau | grün |

2. Setze die Adjektive mit passenden Nomen zusammen.

   | | | |
   |---|---|---|
   | wild | kühl | hoch |
   | billig | rot | frisch |
   | neu | weiß | schwarz |

   | | | |
   |---|---|---|
   | Haus | Schwein | Schrank |
   | Wein | Angebot | Wasser |
   | | Bau Wald Brot | |

3. Zerlege die zusammengesetzten Nomen in Adjektive und
   Nomen:

   der Engpass: eng – der Pass

   | | | | |
   |---|---|---|---|
   | Engpass | Tiefebene | Hochland | Kleintier |
   | Schnellbahn | Kleingeld | Altbau | Rothirsch |

> **Zusammengesetzte Nomen**
>
> Nomen können mit einem Adjektiv zusammengesetzt werden. Der Artikel richtet sich nach dem Nomen:
>
> rot – Milan:
> der Rotmilan
>
> wild – Schwein:
> das Wildschwein

# Wörter mit ß

Erpel    Küken    Schilf
Frosch        Libelle
Graureiher
Wasserlinse
Rohrkolben
Seerose
Schwertlilie
Stockente

1. Was kannst du auf dem Bild entdecken?
   Schreibe einige Sätze auf und lies sie einem Partner vor.
   Die Wörter neben dem Bild helfen dir.

2. Schreibe den Text ab und setze passende Wörter ein.

### Draußen am See

Die Stockente nistet abseits der ❓ am Ufer zwischen
dichten Pflanzen. Durch ihr braunes Federkleid ist
sie gut getarnt. Der Erpel dagegen ist mit seinem
dunkelgrünen Kopf und dem ❓ Halsring auffällig
gefärbt. Die Stockente baut ihr Nest aus ❓ Halmen
und polstert es mit Daunenfedern weich aus.
❓ brütet sie bis zu vierzehn Eiern aus. Die Küken
verlassen bereits am ersten Tag das Nest.
Deshalb ❓ sie Nestflüchter. Mit ihren ❓ können
sie gut schwimmen.

|  |  |  |
|---|---|---|
| weiß | groß | Schwimmfüße |
| heißen | schließlich | Straße |

Wörter mit ß
muss ich gut üben.

3. Übt den Text als Partnerdiktat.

4. Was ändert sich? Finde neue Wörter.

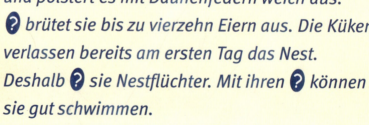

Kloß    ❓loß          außer    auße❓

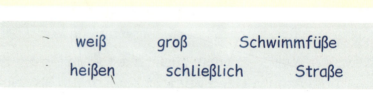

fließen    ❓ießen          Gruß    ❓uß

# Wörter mit Doppelvokal

1. Welche der folgenden Wörter kannst du im Bild entdecken?
   Schreibe sie mit Artikel auf.

   | | | | | |
   |---|---|---|---|---|
   | See | Boot | Klee | Moos | Schnee |
   | Paar | Haar | Beet | Beere | Meer |

2. Wer findet die meisten zusammengesetzten Nomen?

   der Tee – die Tasse: die Teetasse

   Tee ← Licht / Beutel / ...

   See ← ... / ... / ...

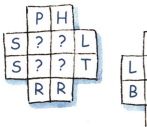

3. Bilde Wörter mit aa, ee oder oo.
   Schreibe die Nomen mit dem bestimmten Artikel in der Einzahl und Mehrzahl auf und vergleiche mit einem Partner:

   das Paar – die Paare

   |   | P | H |   |
   |---|---|---|---|
   | S | ? | ? | L |
   | S | ? | ? | T |
   |   | R | R |   |

   |   | T | M |   |
   |---|---|---|---|
   | L | ? | ? | R |
   | B | ? | ? | T |
   |   | R | R |   |

   |   | M | Z |   |
   |---|---|---|---|
   | M | ? | ? | S |
   | B | ? | ? | T |
   |   | R | – |   |

Wörter mit Doppelvokal muss ich mir merken.

# Eine Reizwortgeschichte planen und schreiben

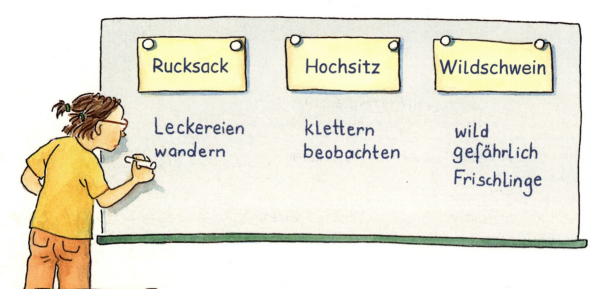

**Rucksack**

Leckereien
wandern

**Hochsitz**

klettern
beobachten

**Wildschwein**

wild
gefährlich
Frischlinge

**Reizwörter**

sind vorgegebene Wörter. Sie sollen zum Verfassen einer interessanten Geschichte anregen („reizen").

1. Die Kinder der Klasse 3c sammeln Wörter zu den drei Reizwörtern. Finde noch weitere Wörter, die zu ihnen passen. Schreibe so:

   <u>Rucksack</u>    <u>Hochsitz</u>    <u>Wildschwein</u>
   Leckereien    klettern    ...

2. Bildet Gruppen und erzählt eine Geschichte mit den drei Reizwörtern und den dazu gefundenen Wörtern.

Abenteuer im …

## Abenteuer im Wald

*An einem warmen Frühlingstag zogen die Geschwister Jasmin und Jan los, um den Nachmittag im Wald zu verbringen. Sie hatten einen Rucksack voller Leckereien dabei. Fröhlich pfeifend marschierten sie eine Weile, bis sie an einen Hochsitz kamen. „Los, Jasmin, den sehen wir uns genauer an!", rief Jan und kletterte hinauf. Seine Schwester folgte ihm und ließ den Rucksack unten stehen. Gebannt beobachteten die Kinder ein paar Vögel, als sie unten ein seltsames Geräusch hörten. Jan traute kaum seinen Augen: „Jasmin! Ein Wildschwein ... "*

3. An welcher Stelle hat Lisa die Reizwörter in ihre Geschichte eingebaut?
   Schreibe den Text ab und unterstreiche die Reizwörter.

4. Schreibe die Geschichte zu Ende.

| Höhle | Geräusch | verirrter Vogel |
|---|---|---|

5. Sammle Begriffe zu den drei Reizwörtern.

6. Schreibe eine Geschichte zu den Reizwörtern auf.
   Die Begriffe, die du gesammelt hast, helfen dir dabei.

7. Überprüft eure Geschichten in der Schreibkonferenz
   an folgenden Stationen:

> Spielen die Reizwörter
> eine wichtige Rolle?

> Wird ein Erlebnis
> durchgehend erzählt?

> Hat die Geschichte
> • eine Einleitung,
> • einen Hauptteil mit
>   Höhepunkt,
> • einen Schluss?

> Ist die Geschichte durch-
> gehend in der 1. Vergan-
> genheit geschrieben?

> Macht die Überschrift
> neugierig?

> Kommt wörtliche Rede
> vor? Werden Gedanken
> und Gefühle beschrieben?

8. Treffende Ausrufe machen deine Geschichte lebendiger.
   Schreibe die Textabschnitte ab und setze die passenden
   Ausrufe ein.

> Jetzt nur nicht die Nerven verlieren!

> So ein Glück!

> Ach du Schreck, was war denn das?

> Auch das noch!

> Das ist ja toll!

*Plötzlich sah Jasmin ein Reh mit seinem Kitz über die Lichtung springen.*
*Jan rief: „ 🦻 "*
*Jasmin erwiderte: „ 🦻 "*

*Jan hörte gerade noch, wie seine Hose riss.*
*Er schimpfte: „ 🦻 "*

*Zitternd vor Schreck wisperte Jan: „ 🦻 "*
*Jasmin flüsterte: „ 🦻 "*

# Was habe ich gelernt? – 9

### Zusammengesetzte Nomen (Seite 99)

1. Setze die Adjektive mit passenden Nomen zusammen.

| groß | schmal | kühl |
| --- | --- | --- |
| faul | rund | voll |
| weit | weich | falsch |

| Schrank | Tier | Vater |
| --- | --- | --- |
| Fahrt | Spur | Milch |
| Geld | Sprung | Käse |

2. Setze Adjektive und Nomen zusammen.

| der tiefe Brunnen | das bunte Papier | der kleine Garten |
| --- | --- | --- |
| der gebrauchte Wagen | die süße Kartoffel | das saure Kraut |
| die frische Milch | die trockenen Früchte | die beste Note |

3. Zerlege die zusammengesetzten Nomen.

| das Rotkraut | das Billigangebot | das Hochhaus |
| --- | --- | --- |
| die Magermilch | der Feststoff | der Mehrfachstecker |
| das Wildschwein | das Weißbrot | der Bitterstoff |

### Wörter mit ß (Seite 100)

4. Immer drei Wörter reimen sich. Schreibe auf.

| grüßen | Fuß | gießen | Kloß | Stoß | sprießen |
| --- | --- | --- | --- | --- | --- |
| büßen | fließen | Ruß | versüßen | Gruß | Floß |

5. Setze s, ss oder ß ein.

| au?er | Ho?e | ha?en | Va?e | Stra?e | Nü?e |
| --- | --- | --- | --- | --- | --- |
| kü?en | drau?en | le?en | wei? | hei?en | Rie?e |
| Na?e | mü?en | grü?en | Be?en | gro? | So?e |
| Nä?e | Ha?e | schlie?en | Ri? | au?en | Do?e |

### Wörter mit Doppelvokal (Seite 101)

6. Finde die Reimwörter und schreibe sie auf.

| Haar | Fee | leer | See | Paar |
| --- | --- | --- | --- | --- |
| Meer | Schnee | Speer | Tee | Teer |

7. Welche Wörter kennst du, die mit oo geschrieben werden. Schreibe sie auf.

**Einen Steckbrief schreiben** (Seite 97)

8. Fertige einen Steckbrief zur Stockente an. Suche dazu Informationen zu folgenden Oberbegriffen und schreibe sie auf.

| | |
|---|---|
| Aussehen | Alter |
| Nahrung | Feinde |
| Lebensraum | Entwicklung |

9. Stelle deinen Steckbrief einem Partner vor.

**Eine Reizwortgeschichte schreiben** (Seite 102, 103)

10. Schreibe eine Geschichte, in der folgende Reizwörter eine wichtige Rolle spielen. Sammle vorher weitere Begriffe zu den drei Reizwörtern.

| | | |
|---|---|---|
| Berg | Unwetter | Hütte |

11. Stelle deine Geschichte in der Schreibkonferenz vor.

**Üben mit Wortkarten** (Seite 147)

12. Übe schwierige Wörter. Schreibe sie auf Karteikarten.

## Lerntagebuch

- Schreibe in dein Lerntagebuch, was du gelernt hast.
- Beurteile, wie gut du die Aufgaben kannst. Male 🙂 😐 ☹.
- Wie hast du dich angestrengt? Male 🙂 😐 ☹.
- Was möchtest du noch üben?

Was habe ich gelernt?

- Ich kann aus einem Adjektiv und einem Nomen ein zusammengesetztes Nomen bilden.
- Ich schreibe Nomen mit aa, ee, oo richtig.
- Ich schreibe Wörter mit ß richtig.
- Ich kann einen Steckbrief schreiben.
- Ich kann eine Reizwortgeschichte schreiben.

So habe ich mich angestrengt:

Das möchte ich noch bis … üben:

# Orte – nah und fern

Mich faszinieren die Ritter und ihre Rüstungen. Wenn ich eine Ritterrüstung anziehen kann, fühle ich mich wie ein Ritter. Deshalb besichtige ich gerne Burgen.

1)

Ich kann den ganzen Tag draußen spielen. Am liebsten baue ich Sandburgen oder suche Muscheln. Und wenn ich voll Sand bin, lege ich mich einfach ins Wasser. Sogar den Drachen kann ich hier steigen lassen, weil immer der Wind weht.

2)

Ich finde es toll, dass es dort keine Straßen und Autos gibt. Deshalb können Kinder in den Gassen spielen. Wenn man schnell irgendwohin möchte, fährt man mit dem Boot. Die Feuerwehr, die Polizei und der Notarzt haben Schnellboote.

3)

Es ist anstrengend, so hoch hinauf zu kraxeln. Der Blick von oben ist einfach grandios! Die Menschen unten sind so winzig wie Ameisen.

4)

1. **Ich:** Lies die Texte und betrachte die Bilder. Ordne zu.
   **Du:** Vergleiche mit einem Partner.
   Welche Orte kennt ihr?
   **Wir:** Stellt eure Ergebnisse vor.

Nach der Schule ziehe ich mich oft hierher zurück. Ich höre Musik oder lese. Wenn ich traurig bin, kuschle ich mich ganz fest hinein.

5)

Ich möchte einmal Tierärztin werden. Deshalb beobachte ich die Tiere. Die Tierkinder finde ich so niedlich. Stundenlang könnte ich zusehen, wie sie herumtollen.

6)

Ich interessiere mich für die Römer. Es war mein größtes Erlebnis, als wir ein Amphitheater besichtigten. Dort fand gerade ein Schaukampf statt.

7)

Hier sitze ich oft, wenn ich alleine sein will oder mich mit meinem Freund treffe. Dort stört uns niemand. Wir können spielen oder träumen, ganz wie wir Lust haben. Wenn es ganz still ist, höre ich die Blätter rauschen oder die Vögel zwitschern.

8)

2. Wo ist dein Lieblingsort?
   Schreibe einen Text und male ein Bild dazu.

 3. Stelle einem Partner deinen Lieblingsort vor.

# Satzglied – Ortsangabe

Anna und Max besichtigen das Kolosseum in Rom.

**Wo waren die Raubtiere?**

**Die wilden Tiere schliefen in Käfigen unter der Arena.**

**Wohin setzte sich der Kaiser?**

**Der Kaiser setzte sich in die Ehrenloge. Von dort entschied er über Leben und Tod.**

**Woher kamen die Zuschauer?**

**Die Zuschauer kamen aus ganz Rom, um die Spiele zu sehen.**

1. Lest den Dialog mit verteilten Rollen. Mit welchen Ortsangaben beantwortet Max Annas Fragen?

2. Bilde aus den Satzgliedern Sätze. Kreise das Prädikat (grün) ein und unterstreiche das Subjekt gelb. Frage nach der Ortsangabe und unterstreiche lila.
Die Raubtiere (schliefen) ...

### Ortsangaben

Ortsangaben findest du mit den Fragen:
„Wo ...?"
„Wohin ...?"
„Woher ...?"

| | | |
|---|---|---|
| | | in Käfigen |
| Die Raubtiere | schliefen | unter der Arena |
| | | in der Ehrenloge |
| Der Kaiser | saß | unter einem Sonnendach |
| | | aus der Stadt Rom |
| Die Zuschauer | kamen | aus dem ganzen Reich |

## Satzglied – Zeitangabe

Sprechblasen:

> Wilhelm der Eroberer ließ den Tower vor 1000 Jahren erbauen.

> Der König schlief im Tower vor seiner Krönung.

> Diese Tradition dauerte viele Jahrhunderte.

> Der Tower wurde mehrere Male umgebaut.

1. Was erfahrt ihr über den Tower (sprich: Tauer) in London?

2. In den Sprechblasen findest du Zeitangaben.
   Auf welche Fragen geben sie eine Antwort?
   Tausche dich mit einem Partner aus.

3. Schreibe die Sätze in den Sprechblasen ab. Kreise
   das Prädikat (grün) ein und unterstreiche das Subjekt gelb.
   Frage nach der Zeitangabe und unterstreiche.

   Vor ungefähr 1000 Jahren (ließ) Wilhelm der Eroberer
   den Tower in London erbauen.

4. Schreibe den Text ab und unterstreiche alle Zeitangaben.

### Die Tower-Raben

*Schon seit vielen Jahrhunderten werden sechs Raben im Tower gehalten. Eines Tages entdeckte der königliche Sternforscher Kot auf seinem Fernrohr. Noch am selben Tag befahl der König, die Raben zu töten. Als ihm aber erzählt wurde, dass das Königreich untergehen würde, hob er den Befehl auf. Seit dieser Zeit wird den Raben ein Flügel gestutzt, damit sie nicht wegfliegen.*

**Zeitangaben**

Zeitangaben findest du mit den Fragen:
„Wann …?"
„Wie lange …?"
„Wie oft …?"

### Inselstadt Venedig

Venedig ist ein Labyrinth aus Gassen, Plätzen und Kanälen. Das Häusermeer besteht aus vielen alten Gebäuden, die im Wasser erbaut sind. Von den Gondeln aus kann man die prächtigen Paläste mit ihren Gärten bewundern.

In lauen Nächten sitzen sowohl die jüngeren als auch die älteren Touristen auf den Plätzen und genießen kühle Getränke.

Im Mittelalter war Venedig eine der bedeutendsten Seemächte, deren Häfen Händler aus vielen Ländern anlockten.

1. Lies den Text und betrachte die Bilder.
   Beschreibe deinem Partner Venedig.

2. Finde zu jedem Wort mit a oder au
   das passende Wort mit ä oder äu im Text:
   der Platz – die Plätze

> Für Märchen, Käfer und Käfig gibt es keine Ableitung.

| Platz | bauen | Kanal | Garten | Haus |
|---|---|---|---|---|
| Seemacht | handeln | Hafen | | Nacht |
| Palast | alt | Pracht | Trank | Land |

3. Von welchen Wörtern lassen sich
   folgende Wörter ableiten?
   Schreibe die Wortpaare:
   Wärme – warm

| Wärme | Äste | Räuber | Säfte | Strände | Läufer |
|---|---|---|---|---|---|
| länger | Kälte | stärker | mächtig | lächeln | Mäuse |

#### a – ä, au – äu

Wörter mit den Umlauten ä und äu stammen von Wörtern mit dem Vokal a und dem Zwielaut au ab. Das können wir durch Ableiten überprüfen:

Äste – Ast

länger – lang

Räuber – rauben

4. Entscheide, ob du ä oder e, äu oder eu einsetzen musst.

| W?lder | Fr?nd | n?gierig | l?ten |
|---|---|---|---|
| schn?ller | fr?en | aufr?men | h?len |

5. Übe den Text als Schleichdiktat.

# Wörter mit i

1. Ordne die Wörter den Erklärungen zu.
   Vergleiche mit einem Partner.
   Eine Ruine ist ein verfallenes Gebäude.

| | |
|---|---|
| Ruine | (a) ein Streichinstrument |
| Lawine | (b) Tochter deiner Tante oder deines Onkels |
| Violine | (c) ein verfallenes Gebäude |
| Kantine | (d) ein butterähnliches Speisefett |
| Cousine | (e) herabstürzende Schnee- oder Geröllmasse |
| Margarine | (f) ein durchscheinender Vorhang |
| Rosine | (g) ein Speisesaal in einem Betrieb |
| Gardine | (h) eine getrocknete Weinbeere |

**Wörter mit i**

Wörter mit mehr als 2 Silben schreiben wir mit i in der offenen Silbe:

Maschine

Familie

Tiger und Biber muss ich mir merken.

2. Was bedeuten folgende Wörter? Fertigt ein Memo-Spiel an.
   Schreibt die Nomen und deren Bedeutung auf getrennte
   Kärtchen. Verwendet dazu ein Lexikon oder das Internet.

   Vitamine   Mandarine   Kabine   Marine   Apfelsine
   Maschine   Sardine   Vitrine   Turbine   Praline

3. Ergänzt die Kärtchen mit Wörtern aus Aufgabe 1.
   Nun könnt ihr das Memo-Spiel spielen.

4. Ergänze die Sätze mit den Nomen und schreibe sie auf.

   Max zeichnet ein Quadrat mit seinem ❓.
   Samira hört gern ❓.
   Julia macht mit ihrer ❓ einen Ausflug.
   Tom beobachtet die ❓ am Teich.

   Radio
   Lineal
   Libellen
   Familie

# Ein Programm lesen und verstehen

Sara und Timo verbringen mit ihrer Pfadfindergruppe vier Tage im Bayerischen Wald. Bei der Begrüßung stellen die Gruppenleiter das Programm vor.

**Programm Zeltlager**

**1. Tag**
Vormittag:
- Anreise/Begrüßung
- Zeltaufbau
- Einrichten der Zelte
- Einteilung der Küchendienste

Nachmittag:
- Basteln der Lagerfahne

Abend:
- Lagerfeuer mit Gesang

**2. Tag**
Vormittag:
- Geländespiel mit Karte und Kompass

Nachmittag:
- Schiffe aus Naturmaterialien bauen
- Wettfahrt

Abend:
- Lagerfeuer mit Stockbrot

**3. Tag**
Vormittag:
- Vorbereitung des „Bunten Abends"

Nachmittag:
- Schwimmbad

Abend:
- „Bunter Abend"

**4. Tag**
Vormittag:
- Zeltabbau
- Abschlussrunde und anschließend Abreise

1. Lest das Programm des Zeltlagers. Welche Aktionen werden angeboten?

2. Wart ihr auch schon einmal in einem Zeltlager? Erzählt.

# Einen Tagebucheintrag schreiben

Sara genießt die Tage im Pfadfinderlager sehr. Um die Erlebnisse nicht zu vergessen, schreibt sie jeden Abend in ihr Tagebuch.

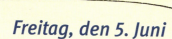

### Freitag, den 5. Juni

Nach einer ewig langen Zugfahrt in den Bayerischen Wald musste jeder seinen Rucksack drei Kilometer ins Zeltlager schleppen. Hätte ich nur nicht so viel eingepackt! Ich war total erledigt.

Die Lagerleiter Steffi und Alex begrüßten uns. Beide sind echt nett. Dann bauten wir unser Zelt auf. Das war ganz schön kompliziert, aber unsere Gruppenleiterin Katrin half uns dabei.

Anschließend versammelten wir uns im Küchenzelt, um die Küchendienste einzuteilen.

Ich habe mich gleich gemeldet, dann habe ich es hinter mir.

Hungrig fielen wir über die Spaghetti mit Tomatensoße her. Danach spülte ich die vielen Teller.

Später half ich noch beim Basteln der Lagerfahne.

Gegen Abend sammelten wir Holz und entzündeten ein großes Lagerfeuer. Todmüde saß ich am Feuer. Katrin spielte auf ihrer Gitarre und wir schmetterten unsere Pfadfinderlieder.

Das war ein anstrengender, aber toller Tag!

1. Lest die Seiten aus Saras Tagebuch. Welchen Tag beschreibt sie?

2. Was unterscheidet Saras Tagebucheintrag von einem Sachtext?

3. An welchen Stellen beschreibt Sara ihre Gedanken und Gefühle?

4. Wähle aus dem Zeltlagerprogramm der Pfadfinder einen Tag aus und halte ihn als Tagebucheintrag fest.

**Tagebuch**

In einem Tagebuch werden persönliche Erlebnisse, Gedanken und Gefühle in der ich-Form festgehalten.

# Was habe ich gelernt? – 10

**Satzglied: Ortsangabe** (Seite 108)

1. Bilde sinnvolle Sätze. Unterstreiche die Ortsangaben.

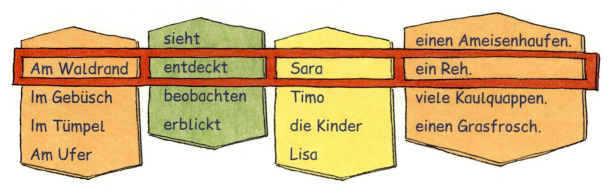

**Satzglied: Zeitangabe** (Seite 109)

2. Setze passende Zeitangaben ein.

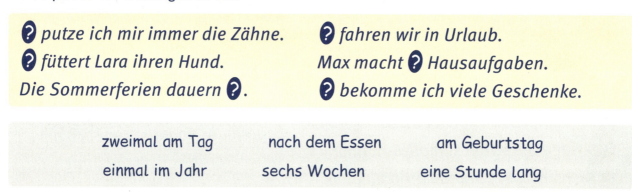

zweimal am Tag     nach dem Essen     am Geburtstag

einmal im Jahr     sechs Wochen     eine Stunde lang

**Ableiten: a – ä, au – äu** (Seite 110)

3. Schreibe zu jedem Nomen den bestimmten Artikel und bilde die Mehrzahl.

| Maus | Rand | Baum | Haus | Kauz | Rad | Band |
|------|------|------|------|------|-----|------|
| Gans | Kalb | Glas | Tanz | Hand | Mann | Bank |

4. Finde zu jedem Adjektiv ein verwandtes Nomen mit a oder au.

| mächtig | lästig | kräftig | täglich | jährlich | verständlich |
|---------|--------|---------|---------|----------|--------------|
| häufig | ängstlich | kläglich | häuslich | prächtig | geräumig |

5. Schreibe zu jedem Nomen ein verwandtes Verb mit a oder au.

| Räuber | Käufer | Händler | Gemälde | Säugling | Päckchen |
|--------|--------|---------|---------|----------|----------|
| Rätsel | Schädling | Bäcker | Geräusch | Jäger | Gebäude |

**Wörter mit i** (Seite 111)

6. Ergänze i oder ie.

Masch**?**ne      Fam**?**lie      W**?**se      Mandar**?**ne      L**?**belle

R**?**se      Gard**?**ne      Kab**?**ne      Pral**?**ne      Law**?**ne

**Einen Tagebucheintrag schreiben** (Seite 113)

7. Wähle ein Programmangebot aus und schreibe dazu einen Tagebucheintrag.
Beschreibe auch deine Gedanken und Gefühle.
Überprüfe deinen Tagebucheintrag. Hast du an alles gedacht?

Angebot 1

9.00 - 11.30 Uhr: Pfeil und
                           Bogen bauen
11.30 - 13.00 Uhr: Mittagessen
13.00 - 15.00 Uhr: Bogenschießen
15.00 - 16.00 Uhr: Pause
16.00 - 17.30 Uhr: Wettbewerb im
                           Bogenschießen

Angebot 2

9.00 - 11.30 Uhr: Schmuck basteln
11.30 - 13.00 Uhr: Mittagessen
13.00 - 15.00 Uhr: Modenschau
15.00 - 16.00 Uhr: Pause
16.00 - 17.30 Uhr: Schmuckaus-
                           stellung mit
                           Prämierung

**Üben mit Wortkarten** (Seite 147)

8. Übe schwierige Wörter. Schreibe sie auf Karteikarten.

## Lerntagebuch

- Schreibe in dein Lerntagebuch, was du gelernt hast.
- Beurteile, wie gut du die Aufgaben kannst. Male ☺ ☺ ☹.
- Wie hast du dich angestrengt? Male ☺ ☺ ☹.
- Was möchtest du noch üben?

Was habe ich gelernt?

- Ich kann Zeitangaben bestimmen.
- Ich kann Ortsangaben bestimmen.
- Ich kann Wörter mit ä und äu ableiten.
- Ich schreibe Wörter mit mehr als zwei Silben in der offenen Silbe mit i.
- Ich kann einen Tagebucheintrag schreiben.

So habe ich mich angestrengt:

Das möchte ich noch bis ... üben:

# Medien

1. Mit welchen Medien beschäftigen sich die Kinder auf den Bildern? Erzählt.

2. Welche Medien nutzt ihr in der Schule und in eurer Freizeit? Tauscht euch in der Gruppe aus.

# Collagen erstellen – Meinungen begründen

1. Betrachtet das Bild. Wie findet ihr solche Sendungen?
   Begründet eure Meinung.

2. Ich: Sammle in Zeitschriften Bilder und Informationen
   zu deinen Lieblingssendungen.

   Du: Was gefällt euch an eurer Lieblingssendung?
   Tauscht euch aus.

   Erstellt in der Gruppe eine Collage
   über eure Lieblingssendungen.

   Wir: Stellt eure Collage in der Klasse vor.

3. Welches Ziel haben die Sendungen?
   Trage sie in eine Tabelle ein:

   | Unterhaltung | Wissen | Nachrichten |
   |---|---|---|
   | ... | Wissen macht Ah! | ... |

4. Welches sind die drei beliebtesten Sendungen in eurer
   Klasse? Erstellt eine Hitliste.

# tz und ck in Wortfamilien

**Platz schreibe ich mit tz, weil ...**

**Plätzchen, Platzkarte und platzieren gehören zu derselben Wortfamilie und werden auch mit tz geschrieben.**

Platz
Plätzchen
Platzkarte
platzieren

Glück
Glückwunsch
glücklich
glückselig

**„glücklich" schreibe ich mit ck, weil ...**

1. Warum schreiben wir Platz mit tz und glücklich mit ck?

2. Schreibe zu jedem Nomen das passende Verb:
   Schreck – erschrecken, ...

| | |
|---|---|
| Schreck | Schutz |
| Blick | Blitz Netz |
| Versteck | Stück |
| Sitz | Schmutz |

sitzen   vernetzen
erschrecken
schützen   blicken
stückeln   verstecken
verschmutzen   blitzen

**Pizza und Skizze schreiben wir mit zz.**

3. Wähle zwei Wörter aus und bilde dazu Wortfamilien.

4. Schreibe den Text ab. Setze tz oder ck ein.

> ### Ein Unglü❓ kommt selten allein
>
> *Lukas kauft frische Brötchen in der Bä❓erei. Als er nach Hause eilt, reißt plö❓lich die Tüte auf und die Brötchen landen in einer großen Pfü❓e. Vor Schre❓ bleibt Lukas stehen. Was soll er nun tun? Da entde❓t er in seiner Hosentasche noch einen Geldschein. Schnell läuft er zurü❓. Er drü❓t gegen die Tür – doch leider hat die Bä❓erei nun geschlossen.*

5. Lass dir den Text von einem Partner diktieren.

## Wörter mit Besonderheiten

Wir hören „ks",
- wir schreiben chs: Fu❓, se❓, Lu❓, A❓e, Eide❓e
- wir schreiben ks: Lin❓, Ke❓
- wir schreiben x: Ta❓i, Te❓t, He❓e, Bo❓er, A❓t

Wir hören „f",
- wir schreiben v:  ❓ielleicht, ❓oll, ❓ier, ❓on, ❓or

Wir hören „k",
- wir schreiben Ch:  ❓rist, ❓or, ❓lor

1. Welche Besonderheiten weisen die Wörter auf?

2. Schreibe die Wörter richtig auf. Findest du weitere Wörter?

3. Vergleiche mit einem Partner.
   Wer hat die meisten Wörter gefunden?

4. Merke dir die Schreibweise der Wörter.
   Dein Partner diktiert dir die Wörter.

5. Schreibe die Sätze richtig ab.

   Wörter mit ai
   Die Gitarre hat sechs S❓ten.
   Der K❓ser regiert ein großes Reich.
   Der H❓ schwimmt im Ozean.
   Wir essen einen ganzen L❓b frisches Bauernbrot.
   Die Froscheier heißen L❓ch.
   Popcorn wird aus M❓s gemacht.
   Der fünfte Monat im Jahr ist der M❓.

6. Dein Partner diktiert dir die Wörter mit ai.

   Wörter, die aus der englischen Sprache stammen,
   klingen nicht so, wie sie geschrieben werden:
   - Handy, Baby, Daddy

7. Schreibe zu jedem Wort einen Satz.
   Dein Partner liest die Sätze laut vor.

# Comic lesen und verstehen

1. Wie verhält sich Pit Stamm? Beschreibt.
2. Wie beurteilt ihr Pits Verhalten? Begründet.
3. Welche Vorteile und Gefahren seht ihr beim Spiel mit elektronischen Medien?

# Szenisch spielen

1. Bildet vier Gruppen. Jede Gruppe betrachtet eine Szene und versetzt sich in die sprechende Person.
Schreibt Stichwörter zu folgenden Fragen auf:

   - Wie beurteilen die einzelnen Personen Pits Verhalten? Was könnten sie sagen?
   - Wie sieht Pit sich selbst? Was könnte er noch sagen?

2. In jeder Gruppe spielen zwei Kinder die Szene.
Was könnt ihr sagen? Wie könnt ihr euch verhalten?
Die anderen beobachten und geben Tipps.

3. Welche Gründe nennen die Spieler?
Fertige eine Gesprächslandkarte in Form einer Mindmap an.

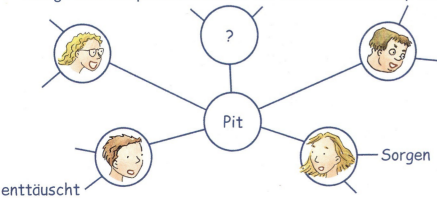

# Einen Autor kennenlernen – Paul Maar

Paul Maar ist der Autor von „Sams", „Lippel" und vielen weiteren bekannten Kinder- und Jugendbüchern.

Er wurde 1937 in Schweinfurt geboren und lebt heute in Bamberg.

 1. Kennt ihr weitere Bücher, Filme oder Hörspiele von Paul Maar? In einer Mediathek könnt ihr sie ausleihen.

 2. Wähle mit einem Partner eine Kinderbuchfigur von Paul Maar aus und beschreibt sie. Stellt sie in der Klasse vor.

Die Klasse 3c möchte mehr über Paul Maar erfahren.

3. Informiert euch im Internet und versucht, die Fragen zu beantworten.

4. Was wollt ihr noch über Paul Maar wissen? Das Internet hilft euch dabei.

# Eine E-Mail schreiben

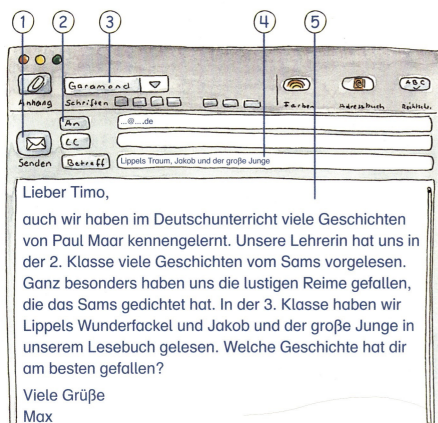

① ② ③ ④ ⑤

Garamond ▽
Anhang  Schriften  ☐☐☐☐  ☐☐☐  Farben  Adressbuch  Rechtschr.

An  ...@....de
CC
Senden  Betreff  Lippels Traum, Jakob und der große Junge

Lieber Timo,

auch wir haben im Deutschunterricht viele Geschichten
von Paul Maar kennengelernt. Unsere Lehrerin hat uns in
der 2. Klasse viele Geschichten vom Sams vorgelesen.
Ganz besonders haben uns die lustigen Reime gefallen,
die das Sams gedichtet hat. In der 3. Klasse haben wir
Lippels Wunderfackel und Jakob und der große Junge in
unserem Lesebuch gelesen. Welche Geschichte hat dir
am besten gefallen?

Viele Grüße
Max

Ⓐ Durch Anklicken wählt ihr:
  • Schriftart
  • Schriftgröße

Ⓑ Zum Abschicken der
  E-Mail klickt ihr auf
  „Senden".

Ⓒ In die Betreffzeile
  schreibt ihr den Anlass
  eurer Nachricht.

Ⓓ Hier gebt ihr die
  E-Mail-Adresse
  des Empfängers an.

Ⓔ In dieses Feld
  schreibt ihr die
  Nachricht.

1. Lies die E-Mail.
   Was schreibt Max an seinen Freund Timo?

2. Ordne die Textfelder dem E-Mail-Fenster zu.
   Tausche dich mit einem Partner aus.

3. Habt ihr schon mal eine E-Mail geschrieben oder erhalten?
   Berichtet.

4. Schreibe eine E-Mail an einen Freund oder eine Freundin.
   Denke an die E-Mail-Adresse und den Betreff.

---

**E-Mail**

Eine **E-Mail** (sprich:
i-mejl) ist ein elektro-
nischer Brief. Er wird
über das Internet ver-
schickt und erreicht
den Empfänger meist
in wenigen Sekunden.
Eine E-Mail-Adresse
erkennst du an dem
Zeichen „@" (sprich:
ät).
**.de** bedeutet, dass
der Absender aus
Deutschland kommt.

# Szenisches Spiel – Rotkäppchen

Die Brüder Jakob und Wilhelm Grimm sammelten Märchen und schrieben sie auf. Ihre Kinder- und Hausmärchen sind weltberühmt. Eines der beliebtesten Märchen ist Rotkäppchen.

1. Lest die Szene „Rotkäppchen begegnet dem Wolf" mit verteilten Rollen.

**Rotkäppchen (R) soll der Großmutter im Wald einen Korb mit Kuchen und Wein bringen. Es begegnet dem Wolf (W).**

*W : Guten Tag Rotkäppchen. Wohin gehst du?*

*R : Ich besuche meine kranke Großmutter.*

*W : Was hast du im Korb?*

*R : Kuchen und Wein.*

*W : Wo wohnt deine Großmutter?*

*R : Noch ein Stück weiter im Wald bei den drei großen Eichen.*

**Der Wolf verheimlicht seine bösen Absichten und verhält sich weiterhin freundlich.**

*W : Das trifft sich gut. – Ich werde dich ein Stück begleiten.*

**Beide gehen zusammen weiter und kommen an eine Blumenwiese. Die Vögel zwitschern in den Bäumen.**

*W : Was für ein herrlicher Tag. Die Sonne scheint.*

*R : Ich muss mich beeilen.*

*W : Hörst du nicht, wie schön die Vöglein singen?*

*R : Die Großmutter wartet schon.*

*W : Schau mal, die schönen Blumen hier.*

**Rotkäppchen bleibt stehen. Die Sonnenstrahlen wärmen sein Gesicht. Es hört die Vögel singen und entdeckt die schönen Blumen.**

*R : Ja, du hast recht. Die Blumen sind sehr schön.*

*W : Siehst du die Veilchen da hinten?*

*R : Großmutter wird sich bestimmt freuen, wenn ich ihr einen schönen Blumenstrauß pflücke.*

**Rotkäppchen pflückt Blumen und gerät immer weiter vom Weg ab. Der Wolf geht geradewegs zum Haus der Großmutter.**

2. Die Geschichte „Rotkäppchen" findet ihr in Märchenbüchern, in Hörbüchern, auf DVDs und im Internet. Ihr könnt diese Medien in der Mediathek ausleihen. Vergleicht sie miteinander. Was gefällt euch am besten? Begründet.

 3. Erarbeitet die Szene in der Gruppe. Beachtet folgende Tipps:

### Rollen

- Welche Rollen gibt es?
- Wer spielt welche Rolle?
- Wer übernimmt die Spielleitung?
- ...

### Bühnenbild

- Wie soll die Kulisse aussehen?
- Wer gestaltet die Kulisse?
- Welche Gegenstände und Geräte benötigt ihr?
- Wer besorgt sie?
- ...

### Musikalische Untermalung

- Gibt es Musik und Geräusche?
- Wer besorgt die Musik?
- Wer spielt sie ein?
- Gibt es ein passendes Lied: Wer übt das Lied ein?
- Wer begleitet das Lied mit einem Instrument?
- Wer macht die Geräusche?
- ...

### Kostüme

- Wie sind die einzelnen Personen gekleidet?
- Wer besorgt passende Kostüme?
- Wer frisiert und schminkt die Personen?
- ...

 4. Übt die Szene. Achtet auf eure Stimme und eure Bewegungen.

- Ich spreche laut und deutlich.
- Ich spreche langsam und mache Pausen.
- Ich betone wichtige Wörter im Text.
- ...

- Ich stelle Gefühle durch einen passenden Gesichtsausdruck (Mimik) und durch passende Bewegungen (Gestik) dar.
- Ich wende mich dem Publikum zu.
- ...

5. Spielt die Szene. Die anderen geben euch Rückmeldung.

6. Wie geht das Märchen weiter?
   Ihr könnt die weitere Handlung in Szenen umschreiben und spielen.

# Was habe ich gelernt? – 11

### tz und ck in Wortfamilien (Seite 118)

1. Ordne die Wörter nach Wortfamilien.

> Schreck    platzen    Schutz    erschrecken    schützen
> Schreckensbotschaft    Platzhalter    schreckhaft    abplatzen    Platzkarte
> vorschützen    Platz    Schutzhütte    schützenswert    schrecklich

2. Schreibe die Wörter ab und ergänze z oder tz, k oder ck.

| z oder tz? |
| --- |
| die Ka❓e    der Wei❓en    kra❓en |
| die Pfü❓e    rei❓en    der Schmu❓ |
| die Wi❓e    die Schnau❓e    schni❓en |
| si❓en    schneu❓en    bli❓en |
| die Mü❓e    ri❓en    seuf❓en |

| k oder ck? |
| --- |
| das Glü❓    der Ha❓en    das Stü❓ |
| das Verste❓    zurü❓    der Ro❓ |
| der Sa❓    hä❓eln    die So❓en |
| das La❓en    ba❓en    bü❓en |
| die Brü❓e    mä❓eln    der Rü❓en |

### Wörter mit Besonderheiten (Seite 119)

3. Ergänze die Sätze mit passenden Wörtern.

> *Max kauft einen ❓ Brot beim Bäcker.*
> *An der Ampel biegt der Bus nach ❓ ab.*
> *Der rotbraune ❓ streift durch das Feld.*
> *An Weihnachten stellen wir einen ❓ auf.*
> *Max isst gerne ❓ mit Salami und Pilzen.*
> *Der Reporter schreibt einen ❓.*
>
> *Ein Käfer hat ❓ Beine.*
> *Der Maler fertigt eine ❓ an.*
> *Wir fahren mit dem ❓.*
> *Ein ❓ ist ein mobiles Telefon.*
> *Das Jahr hat ❓ Jahreszeiten.*
> *Morgen regnet es ❓.*

| sechs | Laib | Fuchs | Taxi | links | Christbaum |
| --- | --- | --- | --- | --- | --- |
| Handy | vier | Pizza | Skizze | Text | vielleicht |

### Eine E-Mail schreiben (Seite 123)

4. Schreibe eine E-Mail an deinen Freund oder deine Freundin.
   Erkundige dich vorher nach der E-Mail-Adresse.
   Schreibe, welches Buch du gelesen hast und wie du es findest.
   Wähle wenige Wörter für die Betreffzeile.

**Ein szenisches Spiel schreiben** (Seite 124, 125)

5. Lies das Märchen „Sterntaler" der Brüder Grimm.
   Du kannst das Märchenbuch in der Mediathek ausleihen.
   Schreibe das Märchen in ein szenisches Spiel um und spielt es in Gruppen.
   Sprecht über die Darstellung der einzelnen Gruppen.

> *Mädchen (M) hat ein Stück Brot in der Hand und läuft über die Bühne.*

M: Meine Eltern sind gestorben. Ich habe kein Zuhause mehr.

> *Ein Mann (Ma) kommt auf die Bühne.*

Ma:  Ach gib mir etwas zu essen, ich bin so hungrig.

M:    …

**Üben mit Wortkarten** (Seite 147)

6. Übe schwierige Wörter. Schreibe sie auf Karteikarten.

## Lerntagebuch

- Schreibe in dein Lerntagebuch, was du gelernt hast.
- Beurteile, wie gut du die Aufgaben kannst. Male ☺ 😐 ☹.
- Wie hast du dich angestrengt? Male ☺ 😐 ☹.
- Was möchtest du noch üben?

Was habe ich gelernt?

- Ich kann Satzglieder erkennen.
- Ich kann Sätze umstellen.
- Ich schreibe Wörter mit tz und ck richtig.
- Ich schreibe Wörter mit Besonderheiten richtig.
- Ich kann eine E-Mail schreiben.

So habe ich mich angestrengt:

Das möchte ich noch bis … üben:

# Jahreszeiten – Frühlingslied – Rondell

## Ich lieb' den Frühling / I like the flowers

1. **G   Em   Am   D⁷**

Ich lieb' den Früh - ling,   ich lieb' den Son-nen-schein.
I   like   the   flow - ers,   I   like   the   daf - fo - dils.

2. **G   Em   Am   D⁷**

Wann wird es end - lich   mal wie-der wär-mer sein?
I   like   the   moun-tains,   I   like   the   rol-ling   hills,

3. **G   Em   Am   D⁷**

Schnee, Eis und Käl - te   müs-sen bald ver-geh'n.
I   like   the   fire-place   when   the   light   is   low.

4. **G   Em   Am   D⁷**

Dum, di da, di dum, di da, di dum, di da,   di dum, di da, di.

*M: volkstümlich aus dem Englischen*
*T: Heike Schrader*

1. Lest den deutschen und englischen Liedtext. Vergleicht.

2. Singt das Lied in beiden Sprachen und lernt es auswendig.

> **Frühlingserwachen**
> 1. *Die Natur erwacht.*
> 2. *Ich habe den Frühling im Sinn.*
> 3. *Zartes Grün sprießt sanft auf den Wiesen.*
> 4. *Ich habe den Frühling im Sinn.*
> 5. *Blüten recken ihre bunten Köpfe der Sonne entgegen.*
> 6. *Schmetterlinge tanzen in lauer Luft.*
> 7. *Ich habe den Frühling im Sinn.*
> 8. *Farbenprächtige Natur, süße Düfte wecken die Lust nach Wärme.*

3. Lest das Gedicht. Was fällt euch an dieser Gedichtform auf?

4. Es handelt sich um ein Rondell, das aus 8 Zeilen besteht. Jede Zeile besteht aus einem vollständigen Satz.

   - Die Überschrift gibt das Thema an.
   - Die 2., 4. und 7. Zeile wiederholen den gleichen Satz.
   - Die 8. Zeile gibt einen Ausblick.

   Schreibt selbst ein Rondell.

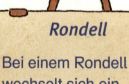

### Rondell

Bei einem Rondell wechselt sich ein wiederkehrender Teil mit anderen Teilen ab:

A
B
C
B
D
E
B
F

# Anleitung – Rätsel

## Kressegärtchen

Du brauchst:
- 1 Untertasse
- Kressesamen
- Watte
- Sprühflasche
- Wasser

- Lege die Watte auf die Untertasse.
- Feuchte die Watte mit einer Sprühflasche an.
- Streue die Kressesamen auf die feuchte Watte.
- Stelle dein Kressegärtchen auf die Fensterbank.

Vergiss das Gießen nicht.
Nach 3 bis 7 Tagen kannst du die Kresse ernten.

## Radieschen-Kresse-Gesicht

Du brauchst:
- Kresse
- rote Paprikastreifen
- 1 Teelöffel Schmand
- $\frac{1}{4}$ Teelöffel Pfeffer
- Radieschen
- 200 g Frischkäse
- $\frac{1}{4}$ Teelöffel Salz
- Brot in Scheiben

- Vermische Frischkäse, Schmand, Salz und Pfeffer.
- Bestreiche damit eine Scheibe Brot.
- Gestalte mit der Kresse, den Radieschen und den Paprikastreifen ein lustiges Gesicht.

Guten Appetit!

1. Legt ein eigenes Kressegärtchen auf der Fensterbank an.

2. Mit der geernteten Kresse und weiteren Zutaten könnt ihr euch ein leckeres und lustiges Brot anrichten.

*Ein lurchiger Geselle hockt auf einem Stein,*
*mit schwarz-gelb geflecktem Schwanz und Bein.*
*Sein Name klingt gefährlich heiß,*
*nun weißt du sicher, wie er heißt.*

*Ein Faulpelz ist dies Federtier,*
*es legt sein Ei in fremdes Revier.*
*Wer ist es?*

3. Löst die beiden Rätsel. Die Bilder rechts helfen euch.

4. Erfindet eigene Rätsel, schreibt sie auf und stellt sie den anderen vor.

# Osterbräuche

1. Die Osterbräuche sind über viele Jahrhunderte hinweg entstanden. Erzählt zu den Bildern.

2. Welche der fünf Bräuche kennt ihr?

3. Ordnet den Bildern die entsprechenden Informationen zu.

4. Kennt ihr noch andere Osterbräuche? Erzählt.

5. Welche Feste gibt es zur Frühlingszeit in anderen Religionen.

*Das Symbol des Osterlamms erinnert an den Opfertod Jesu und an die Erlösung der Menschen von ihren Sünden.*

*Das Ei gilt als Zeichen der Fruchtbarkeit und des Lebens. Seit der Ritterzeit gibt es bei uns gefärbte Ostereier.*

*Bereits im alten Ägypten galt der Hase als Symbol der Fruchtbarkeit. Seit dem 17. Jahrhundert gilt er in Deutschland als österlicher Eierbringer.*

*Die große, geschmückte Osterkerze wird am Osterfeuer entzündet und in die Kirche getragen. Sie symbolisiert, dass Jesus der Ursprung des Lebens ist und Licht in die Dunkelheit bringt.*

*Der Brauch des Feuers im Frühling reicht weit in die vorchristliche Zeit zurück. Im 8. Jahrhundert wurde die Bedeutung auf den christlichen Glauben übertragen. Am Karsamstag wird das Osterfeuer entfacht als Zeichen der Auferstehung Jesu, der als Licht der Welt die Finsternis erhellt.*

# Mundartgedichte – Bastelanleitung

### Bunte Ostereier

*Da Osterhas hod in da Nacht*
*lauta bunte Ostereier gebracht,*
*dabei woit i doch heier,*
*liaba braune Schokoladneier.*

Sieglinde Ostermeier

### A frohes Osterfest

*I hob a große Freid*
*mid vui Eier im Nest,*
*und wünsch alle Leid*
*a frohes Osterfest.*

Sieglinde Ostermeier

### A brauna Osterhas

*Durchs grasgreana Gras,*
*hupfd a brauna Osterhas,*
*und legd fürs Osterfest,*
*bunte Eier in mei Nest.*

Sieglinde Ostermeier

1. Lest die Gedichte. Um welche Mundart handelt es sich? Könnt ihr sie ins Schriftdeutsche „übersetzen"?

2. Lernt ein Gedicht auswendig und tragt es vor.

3. Bastelt ein großes Deko-Ei aus Pappmaschee. Legt die nötigen Materialien zurecht und befolgt die Bastelanleitung.

### Deko-Ei aus Pappmaschee

Du brauchst:
- 1 Luftballon
- Zeitungspapier
- Tapetenkleister, Wasser
- 2 leere Marmeladengläser
- Pinsel
- deckende Farben
- Deko-Band

- Verrühre 1 Esslöffel Kleister mit 2 Tassen Wasser.
- Blase den Luftballon auf.
- Reiße die Zeitung in Streifen.
- Klebe die Streifen mit dem Kleister in 4 Schichten auf den Ballon, bis er eine feste Hülle hat. Das Ei aus Pappmaschee muss 3 Tage trocknen.
- Bemale das Ei.
- Binde eine große Schleife um das Ei. Fertig!

# Sommerlied – Sachtext

## Lachend, lachend kommt der Sommer

La-chend, la-chend, la-chend, la-chend
kommt der Som-mer ü-ber das Feld,
ü-ber das Feld kommt er la-chend, ha ha ha!
la-chend ü-ber das Feld.

*M. u. T.: Cesar Bresgen*
*© Voggenreiter Verlag, Bonn*

1. Singt das Lied und lernt den Text auswendig.

2. Ihr könnt das Lied auch als Kanon singen.

## Sommersonnenwende

*Der 21. Juni ist der Tag der Sommersonnenwende. An diesem Tag scheint die Sonne auf der Nordhalbkugel am längsten und die Nacht ist am kürzesten. In Skandinavien wird es gar nicht richtig dunkel, man kann im Schein der Mitternachtssonne sogar die Zeitung lesen.*

*Die Wende der Sonnenbahn bedeutet den Übergang des Blühens und Wachsens in die Reife- und Früchtezeit. Dies wird seit frühester Zeit mit einem Feuer gefeiert. Um das Feuer zu tanzen soll Glück bringen.*

3. Kennt ihr den Brauch der Sonnenwendfeier?
   Was wird gefeiert? Erzählt.

# Avenida

*avenidas*

*avenidas*
*avenidas y flores*

*flores*
*flores y mujeres*

*avenidas*
*avenidas y flores y mujeres*
*un admirador*

Eugen Gomringer

avenidas = Alleen

flores = Blumen

mujeres = Frauen

admirador = Bewunderer

y = und

un = ein

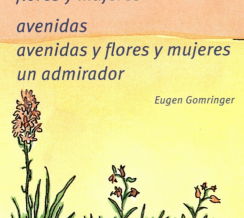

1. Dieses Gedicht ist in spanischer Sprache geschrieben. Was fällt euch daran auf? Übersetzt es ins Deutsche.

2. Schreibt das Gedicht ab und übermalt die sich wiederholenden Wörter in derselben Farbe. So findet ihr den Bauplan des Gedichtes heraus.

3. Schreibt ein eigenes Gedicht nach diesem Bauplan.

4. Solche Wortgedichte kann man auch in anderen Sprachen schreiben. Versucht es.

| | | |
|---|---|---|
| avenues<br><br>avenues<br>avenues and flowers<br>… | Kumsal<br><br>Kumsal<br>Kumsal ve deniz<br>… | avenues<br><br>avenues<br>avenues et fleurs<br>… |

### Avenida

Ein Avenida besteht fast nur aus Nomen und hat folgende Form:

A
A und B
B
B und C
A
A und B und C
D

Wusstest du, dass …

… die englische Königin Elizabeth II. zweimal im Jahr ihren Geburtstag feiert?
Am 21. April feiert sie ihren echten Geburtstag mit der Familie, mit ihrem Volk aber im Sommer, weil das Wetter beständiger ist.

… die Linde als einziger Baum nach der Sommersonnenwende blüht?

… die Zeitumstellung für Kühe ein Problem sein kann?
Sie geben die ersten paar Tage nach der Umstellung auf die Sommerzeit weniger Milch.

5. Findet weitere „Wusstest du, dass"-Infos.

# Anleitung

## Früchte-Eiswürfel

Du brauchst:  • 1 Eiswürfelbehälter  • Wasser
• verschiedene Beeren

• Lege die Beeren in die Fächer des Eiswürfel-
behälters und fülle dann Wasser ein.
• Stelle den Eiswürfelbehälter in das Gefrierfach.
Die Beeren schwimmen zum Teil oben.
• Nach etwa 1 bis 2 Stunden ist eine dünne
Eisschicht vorhanden. Drücke nun die Beeren nach
unten. Stelle den Behälter wieder ins Gefrierfach, damit
die Eiswürfel durchgefrieren können.

Wenn die Eiswürfel durchgefroren sind, kannst du deine
Getränke damit kühlen.

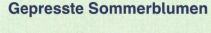

1. Stellt leckere Eiswürfel mit Sommerfrüchten her, mit denen
ihr eure Getränke kühlen könnt.

## Gepresste Sommerblumen

Du brauchst:  • ein dickes, schweres Buch
• Löschblätter
• Blumen, Gräser …
• etwas zum Beschweren

• Lege ein Löschblatt in das Buch.
• Ordne die Pflanzen so an, dass du die
Pflanzenteile später gut erkennen kannst.
• Decke alles mit einem weiteren Löschblatt ab.
• Schließe das Buch und lege einen schweren
Gegenstand darauf.
• Jetzt brauchst du ein wenig Geduld. Nach etwa
8 Tagen kannst du die gepressten Pflanzen
herausnehmen und mit ihnen Bilder,
Glückwunschkarten oder Lesezeichen gestalten.

2. Im Garten und auf Wiesen findet ihr im Sommer viele
Blumen und Gräser. Um an ihnen lange Freude zu haben,
könnt ihr sie pressen und mit ihnen etwas Schönes
basteln.

Erkundigt euch bei einem Erwachsenen, welche Blumen
geschützt sind.

# Mit Schrift gestalten – Gedicht

1. Malt ein Sommerbild, aber nur Umrisse.

2. Schreibt mit einem farbigen Stift in die Umrisse und füllt sie damit vollständig aus.

### Rezept

*Damit es was Besondres gibt,*
*sehr begehrt*
*und hoch beliebt*
*bei allen Kindern,*
*die ich kenn,*
*nimm F und E und R und N.*
*Zwar,*
*das schmeckt noch etwas fade*
*und das wär doch wirklich schade.*
*Drum*
*nimm ein E I,*
*schlag's entzwei,*
*rühr mal um*
*tu's hinein*
*in das fade Wörtlein fern.*
*Was herauskommt,*
*hast du gern.*

Josef Guggenmos

3. Das ist ein Rezept, das allen Kindern schmeckt.
   Findet ihr die Lösung? – Probiert das Rezept aus!

# Herbstlied – Herbst-ABC

G D⁷ G Em

1. Bunt sind schon die Wäl - der, gelb die Stop-pel-

D/Fis G D A⁷ D

fel - der, und der Herbst be - ginnt.

G C⁹ C Am⁷

Ro - te Blät-ter fal - len, grau-e Ne-bel

D⁹ D G D⁷ G

wal - len, küh - ler weht der Wind.

1. Bunt sind schon die Wälder,
   gelb die Stoppelfelder,
   und der Herbst beginnt.
   Rote Blätter fallen,
   graue Nebel wallen,
   kühler weht der Wind.

2. Wie die volle Traube
   aus dem Rebenlaube
   purpurfarbig strahlt!
   Am Geländer reifen
   Pfirsiche, mit Streifen
   rot und weiß bemalt.

3. Flinke Träger springen,
   und die Mädchen singen,
   alles jubelt froh!
   Bunte Bänder schweben
   zwischen hohen Reben
   auf dem Hut von Stroh.

*Johann Gaudenz Frhr. v. Salis-Seewis*

1. Lest die Liedstrophen.

2. Schreibt die Strophen ab und malt zu
   jeder Strophe ein kleines Bild.

3. Singt das Lied und lernt es auswendig.

4. Stellt Wörter für ein Herbst-ABC zusammen.
   Ihr könnt dazu ein Lexikon oder ein Wörterbuch verwenden.
   Schreibt in eurer schönsten Schrift und gestaltet die
   Anfangsbuchstaben aus.

# Herbstbräuche – Elfchen

1. Im Herbst gibt es viele Bräuche. Erzählt zu den Bildern.

2. Welche der fünf Bräuche kennt ihr?

3. Kennt ihr noch andere Herbstbräuche? Erzählt.

4. Bringt Gegenstände, Bücher, Zeitschriften und Computer-
ausdrucke zu den Bräuchen mit. Gestaltet eine Ausstellung.

## Herbst-Elfchen

Herbst
bunte Blätter
fallen vom Baum
ich hebe sie auf
wunderschön!

Ernte
gelbe Kürbisse
leuchten im Garten
ich schnitze eine Fratze
schaurig!

Kartoffelfeuer
reiche Ernte
aus brauner Erde
glühendes Feuer, Asche, Glut
lecker!

**Elfchenregel**

Ein Elfchen besteht
aus elf Wörtern.

1. Zeile: ein Wort
2. Zeile: zwei Wörter
3. Zeile: drei Wörter
4. Zeile: vier Wörter
5. Zeile: ein Wort
   zum Abschluss

5. Welches Elfchen gefällt euch am besten?

6. Schreibt selbst ein Herbst-Elfchen. Wählt als erstes Wort
ein Herbstwort. Gestaltet ein Schmuckblatt.

7. Stellt die Schmuckblätter in der Klasse vor.

# Bastelanleitung – Rezept

## Kürbis schnitzen

Du brauchst:
- spitzes Messer
- Filzstift
- Esslöffel
- Teelicht

- Schneide einen runden Deckel ab.
- Entferne die Kerne und das Fruchtfleisch mit dem Löffel.
- Male mit dem Filzstift ein Gesicht auf den Kürbis.
- Schneide das Motiv aus.
- Stelle ein Teelicht hinein und lege den Deckel wieder auf.

Wenn es dunkel wird, … schaurig schön!

1. Gestaltet einen schaurigen Kürbiskopf. Lasst euch von einem Erwachsenen helfen, da ihr den Kürbis nur mit einem großen, scharfen Messer bearbeiten könnt.

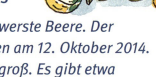

### *Wissenswertes über den Kürbis*

*Der Kürbis ist die größte und schwerste Beere. Der Rekord liegt bei 1 054 kg, gewogen am 12. Oktober 2014. Die Familie der Kürbisse ist sehr groß. Es gibt etwa 1 000 Sorten.*
*Mit der Entdeckung Amerikas durch Kolumbus kam der Kürbis nach Europa.*

2. Kocht eine leckere Kürbissuppe. Besonders gut eignet sich die Kürbissorte Hokkaido für eine Suppe. Achtung: Einen Herd nur zusammen mit Erwachsenen benutzen!

## Kürbissuppe

Du brauchst:
- 500 g Kürbis
- 2 Zwiebeln
- 500 ml Gemüsebrühe
- Zitronensaft
- Salz, Pfeffer
- 250 g Kartoffeln
- 60 g Butter
- 1 Becher Sahne
- Ingwer, Curry

- Kürbis schälen, Kerne und Fasern entfernen und in kleine Stücke schneiden
- Kartoffeln und Zwiebeln schälen und würfeln
- Alles in Butter anschwitzen
- Brühe zugießen und 15 Minuten köcheln lassen
- Mit einem Pürierstab die Suppe pürieren
- Abschmecken mit Zitrone, Salz, Pfeffer, Curry, Ingwer und Sahne

Guten Appetit!

# Sachtext – Bastelanleitung

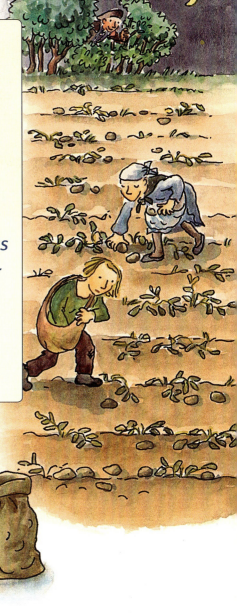

## Friedrich der Große und der Kartoffeltrick

*Weil eine große Hungersnot herrschte, ließ der preußische König Friedrich der Große im 18. Jahrhundert Kartoffeln an seine Untertanen verteilen; diesen aber schmeckten die rohen Kartoffeln nicht.*

*Deshalb ließ er rund um Berlin Kartoffeln anbauen und die Felder von Soldaten bewachen. Das reizte aber nun die Menschen, weil sie dachten, die Kartoffel müsse doch etwas Besonderes sein. Heimlich gingen sie nachts auf die Felder und stahlen die Kartoffeln, um sie selbst anzupflanzen. Gekocht schmeckten sie ihnen gut.*

*Genau das hatte der König beabsichtigt und so sein Ziel erreicht!*

1. Lest den Text. Was haltet ihr von Friedrichs List? Erzählt.

2. Bildet zusammengesetzte Nomen.

   ?puffer    Pell?    ?chips    ?auflauf
   Salz?    ?klöße    ?salat
   ?suppe    Brat?    ?brot    ?brei

3. Kennt ihr weitere Kartoffelgerichte? Schreibt sie auf.

4. Mit Kartoffeln könnt ihr tolle Bilder herstellen.
   Versucht es selbst.

## Kartoffeldruck

Du brauchst:  • große Kartoffeln  • Ausstechformen
              • Messer  • Farben

• Schneide die Kartoffel in zwei Teile.
• Drücke eine Ausstechform tief in die Schnittfläche.
• Entferne mit dem Messer die Kartoffelteile rund um die Ausstechform.
• Entferne das Förmchen. Fertig ist der Kartoffelstempel.
• Trage die Farbe auf den Stempel auf und los geht's.
  Je nachdem, was du bedrucken willst, verwende Wasser-, Stoffmal- oder andere geeignete Farben.

So kannst du Stofftaschen, Sets, Schürzen, T-Shirts, Bilder, Karten, Geschenkpapier … gestalten.

# Winter – Mundartgedicht – Rätsel

### Der Winter der is mir net z'wieder

Der Winter, der is mir net z'wieder,
da gfreu i mi deng erscht net schlecht.
Wenn dicht fall'n die Flocken hernieder,
des Schneibn, des is mir grad recht.
Und ist dann das Land weiß umsponnen
Für mich gibt's besondere Wonnen:
Zwoa Brettl, a gführiger Schnee, juchhe,
des is halt mei höchste Idee.

Na ziag i gschwind an mei fesch Gwandl,
setz d'Mützn recht keck übers Ohr,
bind d'Hosen fest zu mit an Bandl
und hol meine Schwartling (Skier) hervor.
Den Schnerfer (Rucksack), den schweren, geschnüret,
„Ski Heil!" und jetzt wird abmarschiert.
Zwoa Brettl, a gführiger Schnee, juchhe,
des is halt mei höchste Idee.

*Otto Sirl*

1. Lest das Gedicht. Könnt ihr es ins Schriftdeutsche „übersetzen"?

2. Lernt das Gedicht auswendig.

## Was ist das?

Es lag mir
auf der Hand,
ewig schön,
nur eine Sekunde lang …

## Wusstest du, dass …

… Eiskristalle entstehen, wenn in den Wolken winzig kleine Wassertropfen gefrieren, die sich an kleine Staub- oder Rußpartikel anlagern?

… die Eiskristalle sechseckig sind?

… noch niemand zwei Schneeflocken gefunden hat, die vollkommen übereinstimmen?

3. Löst das Rätsel und erfindet eigene.

4. Wenn genügend Schnee gefallen ist, könnt ihr einen Schnee-Engel machen:

   • Legt euch auf den Rücken in den Schnee.
   • Streckt die Arme weit aus.
   • Bewegt nun die Arme auf dem Schnee auf und ab.
   • Öffnet und schließt dabei eure Beine.

   Fertig ist der Schnee-Engel.

# Schneeballgedicht – Rezept

**Der Schneemann**

Winter
Es schneit
Die Kinder rodeln
Sie rollen den Schnee
Sie bauen einen Schneemann daraus
Er bekommt einen Hut
Karotte als Nase
Schwarzer Mund
Fertig!

**Schneeflocken**

Januar
Es schneit
Weiße Flocken fallen
Auf meine warme Hand
Staunend betrachte ich die Gebilde
Wunderschön sehen sie aus
Zarte sechseckige Kristalle
Schmelzen dahin
Zauberhaft!

1. Schreibt selbst ein Schneeballgedicht.

   5 Kinder arbeiten zusammen. Jedes Kind schreibt eine Zeile und reicht das Blatt weiter. So kommt jedes Kind zweimal an die Reihe. Wenn das 5. Kind zum zweiten Mal das Blatt bekommt, setzt es die Überschrift darüber.

2. Gestaltet damit ein Schmuckblatt.

3. Backt leckere Schneeflöckchen. Achtung: Den Backofen nur zusammen mit Erwachsenen benutzen!

## Schneeballgedicht

Ein Schneeball-gedicht besteht aus 9 Zeilen. In der ersten Zeile steht ein Wort. In jeder Zeile kommt ein Wort dazu. In Zeile 5 stehen fünf Wörter. Dann steht in jeder Zeile ein Wort weniger. In Zeile 9 steht dann wieder nur ein Wort. Dadurch bekommt das Gedicht eine runde Form, ähnlich wie bei einem Schneeball.

Zum Schluss wird eine passende Überschrift darüber geschrieben.

## Schneeflöckchen

Du brauchst:
- 100 g Mehl
- 100 g Puderzucker
- 1 Päckchen Vanillezucker
- 250 g Speisestärke
- 250 g Margarine

- Alle Zutaten in eine Schüssel geben.
- Alles durchkneten, den Teig kalt stellen.
- Den Teig zu einer Rolle formen, kleine Stücke abschneiden.
- Mit der Gabel ein Muster in die Stücke hineindrücken.
- Bei 175 °C 15 Minuten backen. Fertig!

# Weihnachten bei uns und anderswo

## Merry Christmas

Ich bin Katie aus England. Zu Weihnachten schmücken wir unsere Häuser mit Mistelzweigen und bunten Girlanden. Wer unter dem Mistelzweig steht, darf ungefragt geküsst werden.
Am 24. Dezember hänge ich vor dem Schlafengehen Socken an den Kamin. In der Nacht kommt Santa Claus mit seinem Rentierschlitten und steckt Geschenke in die Socken. Am 25. Dezember darf ich sie beim Frühstück auspacken.

## С Рождеством!   sprich: βraschdißtwóm

Hallo, ich bin Fjodor aus Russland. Wir feiern zuerst Silvester und erst am 6. und 7. Januar Weihnachten. Ende Dezember stellen wir den Lichterbaum auf und schmücken ihn.
Die Geschenke bringt uns Väterchen Frost, der in Begleitung des Mädchens Schneeflocke und des Jungen Neujahr in der Nacht zu Neujahr kommt und die Geschenke unter den Lichterbaum legt.

## Buon Natale!

Ciao, ich bin Maria aus Italien. Zwei Wochen vor Weihnachten stellen wir die Krippe auf.
Das „Bambinello Gesu" legen wir aber erst am 24. Dezember um Mitternacht in die Krippe.
Am 6. Januar bringt die gute Fee Befana die Geschenke. Sie reitet auf ihrem Besen von Haus zu Haus. Die braven Kinder erhalten Geschenke, die unartigen Kinder Kohlestücke.

**Joyeux Noel!** sprich: schwajö Noäll

Ich bin Pierre aus Frankreich. Am Abend des 24. Dezembers gehen wir zur Mitternachtsmesse. Anschließend gibt es überall ein Feuerwerk, sodass man denkt, es wäre Silvester. In der Nacht legt „Pere Noel" die Geschenke in die bereitgestellten Schuhe oder unter den Weihnachtsbaum. Am 25. Dezember dürfen wir die Geschenke auspacken.

Überall auf der Welt feiern die Menschen Weihnachten.

1. Auf den Karten erzählen Kinder aus verschiedenen Ländern. Sucht die Länder auf einer Landkarte.

2. Sprecht die Weihnachtswünsche in den verschiedenen Sprachen. Vergleicht.

3. Wählt in der Gruppe einen Text aus und lest ihn gemeinsam. Schreibt euch Stichworte zu folgenden Punkten auf und gestaltet ein Plakat.
   - Ländernamen und Flagge
   - Weihnachtswunsch
   - Wann wird Weihnachten gefeiert?
   - Wann bekommen die Kinder Geschenke?
   - Wie heißt der Geschenkebringer?

4. Stellt eure Plakate in der Klasse vor.

5. Wie feiert ihr Weihnachten?

6. Wie heißt das Fest, das die Moslems feiern?

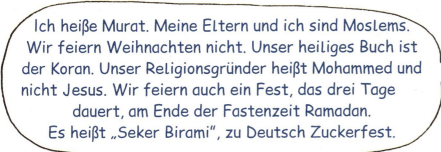

Ich heiße Murat. Meine Eltern und ich sind Moslems. Wir feiern Weihnachten nicht. Unser heiliges Buch ist der Koran. Unser Religionsgründer heißt Mohammed und nicht Jesus. Wir feiern auch ein Fest, das drei Tage dauert, am Ende der Fastenzeit Ramadan. Es heißt „Seker Birami", zu Deutsch Zuckerfest.

# Ein Lerngespräch führen

Lerngespräche helfen dir, dein Lernen zu verbessern.
Zur Vorbereitung kannst du die Einträge in deinem
Lerntagebuch nachlesen.
So kann ein Lerngespräch ablaufen:

- Wie fandest du die Lernaufgabe oder deinen Lernweg?

- Welche Schwierigkeiten und Probleme hattest du?

- Was hast du bereits gelernt? Was kannst du gut?

• Welche Lern- und Übungsaufgaben können dir helfen?

• Bis wann möchtest du diese Aufgaben erledigt haben?

• Wie ging es dir bei diesem Gespräch?

1. Schaue dir mit einem Partner die einzelnen Gesprächsszenen an.
   Wie läuft ein Lerngespräch ab?
   Wie kannst du dich vorbereiten?

2. Spiele mit deinem Partner ein Lerngespräch.
   Benutzt dazu die Formulierungsvorschläge in den Sprechblasen.

3. Findet weitere Formulierungen.

# Mit dem Wörterbuch arbeiten

Das Wörterbuch oder die Wörterliste helfen dir, wenn du nicht weißt, wie ein Wort richtig geschrieben wird.

Die Wörter sind nach dem Alphabet geordnet.

Trinkflasche ist aus trinken und Flasche zusammengesetzt.

## Zusammengesetzte Nomen und Adjektive

Manche zusammengesetzten Nomen oder Adjektive findest du nicht im Wörterbuch. Du musst sie in die einzelnen Wörter zerlegen.

1. Zerlege die zusammengesetzten Wörter und schlage die einzelnen Wörter im Wörterbuch nach. Schreibe sie mit der Seitenzahl auf:

Trinkflasche: trinken, Seite ...
die Flasche, Seite ...

> bildschön   Turmuhr   Hochwasser   butterweich

## Verben

Verben stehen im Wörterbuch oder in der Wörterliste immer in der Grundform, die Personalformen stehen dahinter.

2. Suche die Grundform im Wörterbuch und schreibe sie mit der Seitenzahl auf.

> ist gerannt   lief   hat gesprochen   liest   wehte

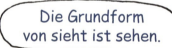

Die Grundform von sieht ist sehen.

## Wörter trennen

Am Zeilenende musst du manchmal Wörter trennen. Im Wörterbuch stehen zwischen den Silben senkrechte Striche. Beachte: Vokale dürfen nicht einzeln stehen.

3. Wie werden die folgenden Wörter getrennt? Schreibe sie mit Bindestrichen auf und vergleiche mit dem Wörterbuch:

Re-gen-bo-gen: Re|gen|bo|gen, Seite ...
Ra-dio:       Ra|dio, Seite ...

> spazieren   rennen   Kakadu   Familie   Polizei

# Üben mit Wortkarten

### Wörter auf Wortkarten schreiben

1. Sammle Wörter, die du schwierig findest.
   Schlage die Wörter im Wörterbuch nach.

2. Schreibe immer ein Wort auf eine Karte:
   - bei Nomen mit dem bestimmten Artikel
   - bei Verben die Grundform
   - bei Adjektiven nur das Adjektiv

3. Schreibe auf die Rückseite der Karte:
   - bei Nomen:      – die Mehrzahl mit dem bestimmten Artikel
                     – ein verwandtes Wort
   - bei Adjektiven: – die 1. und die 2. Vergleichsstufe
   - bei Verben:      – die er-Form in der Gegenwart
                     – die er-Form in der 1. und in der
                       2. Vergangenheit

4. Ordne die Wortkarten in das erste Fach der Lernbox ein.

### Alleine üben mit den Wortkarten

1. Wähle zehn Wortkarten aus. Schaue die Vorderseite und die Rückseite der Wortkarte genau an und sprich in Silben.

2. Lege die Karte weg. Sprich in Silben und schreibe auf.

3. Vergleiche genau.

4. Ordne die Karte in die Lernbox ein:
   - Richtig geschriebene Wörter steckst du ein Fach weiter.
   - Falsch geschriebene Wörter bleiben in dem Fach, aus dem du sie genommen hast.

### Gemeinsam üben mit den Wortkarten
- Gegenseitig abfragen:
  Ein Partner fragt und überprüft mit den Wortkarten, der andere antwortet.
- Gemeinsam sortieren:
  – nach Wortarten
  – alphabetisch

# Texte abschreiben und überprüfen

Im Unterricht musst du oft Texte abschreiben.
Die Texte sollen sauber und richtig geschrieben sein.
So gehst du vor:

- **Ganzen Text lesen**
  Lies zuerst den ganzen Text:
  *Hast du alles verstanden?*

- **Sätze lesen und in Abschnitte einteilen**
  Wenn du möchtest, kannst du einen Leseschieber oder
  ein Lineal unter die Zeilen legen, damit du nicht
  verrutschst.
  Lies den ersten Satz und teile ihn in sinnvolle Abschnitte
  mit drei oder vier Wörtern ein:
  *Wo stehen schwierige Wörter?*

- **Abschnitt einprägen**
  Präge dir den ersten Abschnitt ein:
  *Was ist bei den einzelnen Wörtern schwierig?*
  *Wie kannst du die schwierigen Stellen erklären?*

- **Abschnitt schreiben**
  Schreibe den Abschnitt auswendig auf. Sprich dabei leise
  die Wörter in Silben mit.
  Schreibe so die weiteren Abschnitte des Satzes und den
  restlichen Text ab.

- **Abgeschriebenen Text mit der Vorlage vergleichen**
  Vergleiche den Text genau mit der Vorlage.
  Berichtige die falsch geschriebenen Wörter.
  *Was hast du beim Abschreiben nicht beachtet?*

Ich denke daran:
Frühling kommt von
früher. Ich darf das
silbentrennende h
nicht vergessen.

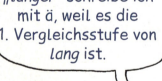

*„länger"* schreibe ich
mit ä, weil es die
1. Vergleichsstufe von
*lang* ist.

1. Schreibe den Text ab.

## Im Frühling

*Im Frühling werden die Tage länger.*
*Die Natur erwacht zu neuem Leben.*
*Viele bunte Blumen blühen und grüne Blätter*
*sprießen an den Bäumen.*
*Viele Tiere erwachen aus ihrem Winterschlaf.*
*Aus dem Süden kehren die Zugvögel zurück.*

2. Vergleiche den Text mit der Vorlage und berichtige die Fehler.

# Ich – Du – Wir

### Ich: Alleine Arbeiten

Bearbeite die Aufgabe selbstständig:
*Was kannst du?*
*Wo brauchst du Hilfe?*

### Du: Austauschen mit dem Partner

Sprecht über eure Ergebnisse und über offene Fragen. Helft euch gegenseitig. Einigt euch auf ein gemeinsames Ergebnis.

### Gruppenarbeitsphase

Ihr könnt die Ergebnisse der Partnerarbeit zunächst in der Kleingruppe vorstellen und eine gemeinsame Präsentation erarbeiten.

### Wir: Vorstellen in der Klasse

Stellt die Ergebnisse der Partner- oder Gruppenarbeit in der Klasse vor und sprecht darüber.
Erarbeitet ein gemeinsames Ergebnis.

# Grundwortschatz

## A a

ab
der **Abend**, die Abende
abends
der **Absender***, die Absender
die **Adresse***, die Adressen
**alt**, älter als, am ältesten
am
an
die **Angst***, die Ängste
**ängstlich***, ängstlicher als,
am ängstlichsten
**anschließend***
**applaudieren***, er applaudiert,
er applaudierte, er hat applaudiert
**ärgerlich***, ärgerlicher als,
am ärgerlichsten
**arm***, ärmer als, am ärmsten
der **Arm**, die Arme
der **Arzt**, die Ärzte
der **Ast**, die Äste
**aufgebracht***, aufgebrachter als,
am aufgebrachtesten
**aufräumen***, er räumt auf,
er räumte auf, er hat aufgeräumt
der **Ausflug***, die Ausflüge
außer

## B b

**backen**, er backt, er backte,
er hat gebacken
der **Bäcker**, die Bäcker
die **Bäckerei***, die Bäckereien
der **Bahnhof***, die Bahnhöfe
**bald***
der **Ball***, die Bälle
das **Band**, die Bänder
**beben***, er bebt, er bebte,
er hat gebebt
die **Beere***, die Beeren
das **Beet***, die Beete
**befehlen***, er befiehlt, er befahl,
er hat befohlen

**beginnen***, er beginnt, er begann,
er hat begonnen
**begleiten***, er begleitet, er begleitete,
er hat begleitet
**begrüßen***, er begrüßt, er begrüßte,
er hat begrüßt
das **Beispiel**, die Beispiele
der **Berg**, die Berge
**bergauf***
**besonders***
**bestimmen***, er bestimmt,
er bestimmte, er hat bestimmt
**betreten***, er betritt, er betrat,
er hat betreten
das **Bett***, die Betten
der **Beutel***, die Beutel
das **Bild***, die Bilder
**billig***, billiger als, am billigsten
die **Birne***, die Birnen
bis
das **Blatt***, die Blätter
**bleiben**, er bleibt, er blieb,
er ist geblieben
der **Blick***, die Blicke
**blind***
der **Blitz***, die Blitze
**bloß***
**blühen**, er blüht, er blühte,
er hat geblüht
die **Blüte***, die Blüten
der **Boden**, die Böden
das **Boot***, die Boote
der **Brief**, die Briefe
das **Brot***, die Brote
**bunt***, bunter als, am buntesten
die **Burg***, die Burgen

## C c

der **Cent**, die Cents
der **Chor**, die Chöre
der **Christ**, die Christen
der **Clown**, die Clowns
der **Computer**, die Computer

* Wort nicht im Grundwortschatz LehrplanPLUS enthalten

# Grundwortschatz

## D d

danach*

dann

das

dehnen*, er dehnt, er dehnte,
er hat gedehnt

dein – deinem – deinen

der – dem – den

dichten*, er dichtet, er dichtete,
er hat gedichtet

die

dieser – dies – diesem – diesen

das **Ding**, die Dinge

donnern*, er donnert, er donnerte,
er hat gedonnert

das **Dorf**, die Dörfer

dort

draußen

drehen, er dreht, er drehte,
er hat gedreht

dressieren*, er dressiert, er dressierte,
er hat dressiert

drücken*, er drückt, er drückte,
er hat gedrückt

dumm, dümmer als, am dümmsten

dunkel*, dunkler als, am dunkelsten

## E e

ein – einem – einen

der **Eingang***, die Eingänge

die **Eltern**

der **Empfänger***, die Empfänger

endlich*

entscheiden*, er entscheidet,
er entschied, er hat entschieden

die **Entschuldigung***,
die Entschuldigungen

die **Erde**, die Erden

die **Erfindung***, die Erfindungen

erklären*, er erklärt, er erklärte,
er hat erklärt

erlauben, er erlaubt, er erlaubte,
er hat erlaubt

erschrecken, er erschrickt,
er erschrak, er ist erschrocken

erst

erwidern*, er erwidert, er erwiderte,
er hat erwidert

erzählen, er erzählt, er erzählte,
er hat erzählt

essen, er isst, er aß, er hat gegessen

etwas

euer – eurem – euren

## F f

die **Fahne***, die Fahnen

fahren, er fährt, er fuhr,
er ist gefahren

das **Fahrrad***, die Fahrräder

das **Fahrzeug***, die Fahrzeuge

fallen, er fällt, er fiel, er ist gefallen

die **Familie**, die Familien

fegen*, er fegt, er fegte, er hat gefegt

fehlen*, er fehlt, er fehlte,
er hat gefehlt

der **Feind***, die Feinde

die **Ferien***

fertig*

die **Feuerwehr***, die Feuerwehren

finden*, er findet, er fand,
er hat gefunden

der **Finger**, die Finger

der **Fisch**, die Fische

die **Flasche**, die Flaschen

fließen*, er fließt, er floss,
er ist geflossen

der **Flug***, die Flüge

der **Fluss***, die Flüsse

freiwillig*

fremd, fremder als, am fremdesten

die **Freude***, die Freuden

der **Freund***, die Freunde

freundlich*, freundlicher als,
am freundlichsten

frisieren*, er frisiert, er frisierte,
er hat frisiert

froh*, froher als, am frohsten

**fröhlich***, fröhlicher als,
am fröhlichsten
das **Frühstück***, die Frühstücke
der **Fuchs**, die Füchse
**fühlen***, er fühlt, er fühlte,
er hat gefühlt
**führen***, er führt, er führte,
er hat geführt
der **Fuß***, die Füße

## G g

**gähnen***, er gähnt, er gähnte,
er hat gegähnt
**galoppieren***, er galoppiert,
er galoppierte, er ist galoppiert
**ganz** – ganzem – ganzen
die **Gasse***, die Gassen
der **Gast***, die Gäste
**geben**, er gibt, er gab,
er hat gegeben
der **Geburtstag***, die Geburtstage
die **Gefahr***, die Gefahren
**gefallen***, er gefällt, er gefiel,
er hat gefallen
**gegen**
**gehen** , er geht, er ging,
er ist gegangen
**gehören**, er gehört, er gehörte,
er hat gehört
das **Geld**, die Gelder
das **Gemälde***, die Gemälde
**genau**, genauer als, am genauesten
**gerade**
das **Geräusch***, die Geräusche
**gern**
die **Geschichte**, die Geschichten
die **Geschwindigkeit***,
die Geschwindigkeiten
das **Gesicht**, die Gesichter
**gestern**
**gewinnen***, er gewinnt, er gewann,
er hat gewonnen
das **Gewürz***, die Gewürze
**gießen***, er gießt, er goss,
er hat gegossen

**gleich**
das **Glück**
**glücklich**, glücklicher als,
am glücklichsten
**groß***, größer als, am größten
die **Gruppe***, die Gruppen
der **Gruß***, die Grüße
die **Gurke***, die Gurken

## H h

das **Haar**, die Haare
**haben***, er hat, er hatte, er hat gehabt
der **Haken***, die Haken
der **Hals**, die Hälse
**halten**, er hält, er hielt,
er hat gehalten
die **Hand**, die Hände
das **Handy**, die Handys
**heißen**, er heißt, er hieß,
er hat geheißen
**helfen**, er hilft, er half,
er hat geholfen
**heute**
**hier**
**hilflos***, hilfloser als, am hilflosesten
**hin**
**hoch***, höher als, am höchsten
**höchstens***
die **Höhle***, die Höhlen
**holprig***, holpriger als, am holprigsten
das **Holz***, die Hölzer
**hüpfen***, er hüpft, er hüpfte,
er ist gehüpft

## I i

die **Idee***, die Ideen
**ihm**
**ihn**
**ihr** – ihre – ihrem – ihren
**im**
**immer**
**in**

die **Information***, die Informationen
**informieren***, er informiert,
er informierte, er hat informiert
**ins**
die **Insel***, die Inseln
**interessant***, interessanter als,
am interessantesten

## J j

das **Jahrhundert***, die Jahrhunderte
**jeder** – jede – jedem – jeden
**jetzt***

## K k

der **Käfer**, die Käfer
der **Käfig**, die Käfige
**kalt***, kälter als, am kältesten
der **Kamm**, die Kämme
**kämpfen***, er kämpft, er kämpfte,
er hat gekämpft
der **Kanal***, die Kanäle
das **Känguru***, die Kängurus
der **Käse***, die Käse
der **Kasten***, die Kästen
**kaufen**, er kauft, er kaufte,
er hat gekauft
**kehren***, er kehrt, er kehrte,
er hat gekehrt
**kein** – keinem – keinen
**kennen***, er kennt, er kannte,
er hat gekannt
der **Kilometer***, die Kilometer
das **Kind***, die Kinder
das **Kino***, die Kinos
die **Klasse***, die Klassen
das **Kleid***, die Kleider
der **Kloß***, die Klöße
**kommen**, er kommt, er kam,
er ist gekommen
**können**, er kann, er konnte,
er hat gekonnt
**konstruieren***, er konstruiert,

er konstruierte, er hat konstruiert
der **Kopf***, die Köpfe
die **Kraft***, die Kräfte
**kräftigen***, er kräftigt, er kräftigte,
er hat gekräftigt
die **Kuh**, die Kühe
**kühl***, kühler als, am kühlsten
der **Künstler***, die Künstler
**kurz**, kürzer als, am kürzesten

## L l

**lachen**, er lacht, er lachte,
er hat gelacht
der **Laib**, die Laibe
das **Land**, die Länder
**lang**, länger als, am längsten
die **Länge***, die Längen
**langweilig***, langweiliger als,
am langweiligsten
**lassen**, er lässt, er ließ,
er hat gelassen
**laufen**, er läuft, er lief, er ist gelaufen
der **Läufer***, die Läufer
die **Lawine***, die Lawinen
**leben***, er lebt, er lebte, er hat gelebt
der **Lebensraum***, die Lebensräume
**lecker***, leckerer als, am leckersten
**leer***
**legen***, er legt, er legte, er hat gelegt
der **Lehrer***, die Lehrer
**leider***
**lernen***, er lernt, er lernte,
er hat gelernt
**lesen**, er liest, er las, er hat gelesen
die **Leute***
das **Licht**, die Lichter
**lieben**, er liebt, er liebte, er hat geliebt
der **Liebling***, die Lieblinge
**liegen**, er liegt, er lag,
er hat gelegen
**links**
**loben***, er lobt, er lobte, er hat gelobt
das **Loch**, die Löcher
die **Luft**, die Lüfte
**lustig***, lustiger als, am lustigsten

## M m

**machen**, er macht, er machte,
er hat gemacht
**mächtig***, mächtiger als,
am mächtigsten
das **Mädchen***, die Mädchen
**man**
die **Mandarine***, die Mandarinen
der **Mann**, die Männer
die **Mannschaft***, die Mannschaften
das **Märchen**, die Märchen
die **Marmelade***, die Marmeladen
**marschieren***, er marschiert,
er marschierte, er ist marschiert
die **Maschine**, die Maschinen
das **Material***, die Materialien
das **Meer**, die Meere
**mein** – meinem – meinen
**melden***, er meldet, er meldete,
er hat gemeldet
der **Mensch**, die Menschen
**merken**, er merkt, er merkte,
er hat gemerkt
**mich**
die **Milch**
**mir**
die **Möglichkeit***, die Möglichkeiten
das **Moos***, die Moose
**morgen**
das **Museum***, die Museen
**müssen**, er muss, er musste,
er hat gemusst

## N n

die **Nachbarschaft***, die Nachbarschaften
der **Nachmittag***, die Nachmittage
die **Nachricht***, die Nachrichten
die **Nacht**, die Nächte
der **Nagel***, die Nägel
**nahe***, näher als, am nächsten
**nähen***, er näht, er nähte,
er hat genäht
die **Nase**, die Nasen

**natürlich***
**neben**
**nehmen***, er nimmt, er nahm,
er hat genommen
**neu**, neuer als, am neuesten
**nicht**
**nichts**
**nie**
**niemals**
**noch***
**nördlich***, nördlicher als,
am nördlichsten
**nur**

## O o

**ob**
**oben**
das **Obst***
**oft**
das **Ohr***, die Ohren
**operieren***, er operiert, er operierte,
er hat operiert
**organisieren***, er organisiert,
er organisierte, er hat organisiert

## P p

**paar***
das **Paar***, die Paare
der **Park***, die Parks
**pfeifen***, er pfeift, er pfiff,
er hat gepfiffen
das **Pferd***, die Pferde
die **Pfütze**, die Pfützen
die **Pizza**, die Pizzen
**planen***, er plant, er plante,
er hat geplant
der **Platz**, die Plätze
**plötzlich**
der **Polizist***, die Polizisten
**prall***, praller als, am prallsten
**prellen***, er prellt, er prellte,
er hat geprellt

**probieren***, er probiert, er probierte,
er hat probiert

das **Problem***, die Probleme

## Q q

das **Quadrat***, die Quadrate

**quaken***, er quakt, er quakte,
er hat gequakt

der **Quark***

die **Quelle***, die Quellen

## R r

das **Rad**, die Räder

das **Radio***, die Radios

das **Reh***, die Rehe

**reich**, reicher als, am reichsten

die **Reihe***, die Reihen

**reiten**, er reitet, er ritt, er ist geritten

**rennen***, er rennt, er rannte,
er ist gerannt

**reparieren***, er repariert, er reparierte,
er hat repariert

**riechen**, er riecht, er roch,
er hat gerochen

**rollen***, er rollt, er rollte, er ist gerollt

die **Rosine***, die Rosinen

der **Rucksack***, die Rucksäcke

**rufen**, er ruft, er rief, er hat gerufen

**ruhen***, er ruht, er ruhte, er hat geruht

**rund**, runder

## S s

der **Saal***, die Säle

die **Saat***, die Saaten

die **Sache**, die Sachen

der **Saft**, die Säfte

die **Sängerin***, die Sängerinnen

der **Schädling***, die Schädlinge

**scheinen**, er scheint, er schien,
er hat geschienen

**schenken**, er schenkt, er schenkte,
er hat geschenkt

die **Scheune***, die Scheunen

**schieben**, er schiebt, er schob,
er hat geschoben

**schimpfen***, er schimpft, er schimpfte,
er hat geschimpft

**schlafen**, er schläft, er schlief,
er hat geschlafen

der **Schlauch***, die Schläuche

**schlecht**, schlechter als,
am schlechtesten

**schließlich***

**schlimm**, schlimmer als,
am schlimmsten

das **Schloss***, die Schlösser

**schmal***, schmaler als,
am schmalsten

der **Schmuck***

der **Schmutz***

der **Schnee**

**schneiden**, er schneidet, er schnitt,
er hat geschnitten

**schnell**, schneller als,
am schnellsten

**schrauben***, er schraubt,
er schraubte, er hat geschraubt

der **Schreck**, die Schrecken

der **Schrei***, die Schreie

**schreiben**, er schreibt, er schrieb,
er hat geschrieben

die **Schrift***, die Schriften

der **Schuh**, die Schuhe

die **Schülerin***, die Schülerinnen

**schützen**, er schützt, er schützte,
er hat geschützt

**schwer**

**schwierig**, schwieriger als,
am schwierigsten

das **Schwimmbad***, die Schwimmbäder

**schwimmen**, er schwimmt,
er schwamm, er ist geschwommen

**sechs**

der **See**, die Seen

**sehen**, er sieht, er sah,
er hat gesehen

**sehr**
**sein** – seinem – seinen
**seit**
die **Seite**, die Seiten
die **Sendung***, die Sendungen
das **Sieb***, die Siebe
der **Sieger***, die Sieger
**singen**, er singt, er sang,
er hat gesungen
**sitzen**, er sitzt, er saß,
er hat gesessen
die **Skizze**, die Skizzen
**sofort**
der **Sohn***, die Söhne
**spannen***, er spannt, er spannte,
er hat gespannt
der **Spaß***, die Späße
**spät***, später als, am spätesten
**spazieren***, er spaziert, er spazierte,
er ist spaziert
der **Spiegel***, die Spiegel
das **Spiel***, die Spiele
**spielen***, er spielt, er spielte,
er hat gespielt
die **Sprache***, die Sprachen
**sprechen**, er spricht, er sprach,
er hat gesprochen
**springen**, er springt, er sprang,
er ist gesprungen
der **Sprung***, die Sprünge
die **Stadt**, die Städte
der **Stand***, die Stände
**stark**, stärker als, am stärksten
**stehen**, er steht, er stand,
er ist gestanden
**stehlen***, er stiehlt, er stahl,
er hat gestohlen
**steigen**, er steigt, er stieg,
er ist gestiegen
der **Stein**, die Steine
**stellen**, er stellt, er stellte,
er hat gestellt
**sterben***, er stirbt, er starb,
er ist gestorben
**still***, stiller als, am stillsten
der **Strand***, die Strände
die **Straße**, die Straßen
das **Stück**, die Stücke

## T t

der **Tag***, die Tage
**tanken**, er tankt, er tankte,
er hat getankt
die **Tasche**, die Taschen
das **Taxi**, die Taxis
der **Tee***, die Tees
die **Temperatur***, die Temperaturen
der **Text**, die Texte
**tief**, tiefer als, am tiefsten
das **Tier**, die Tiere
der **Tiger**, die Tiger
**toben***, er tobt, er tobte, er hat getobt
das **Tor***, die Tore
die **Torte***, die Torten
**tragen**, er trägt, er trug,
er hat getragen
die **Trainerin***, die Trainerinnen
die **Trauer***
**träumen***, er träumt, er träumte,
er hat geträumt
**treffen***, er trifft, er traf,
er hat getroffen
die **Treppe***, die Treppen
**trinken**, er trinkt, er trank,
er hat getrunken
**tun***, er tut, er tat, er hat getan
die **Tür**, die Türen

## U u

die **Uhr***, die Uhren
**uns** – unserem – unseren
**unser**
der **Urlaub***, die Urlaube

## V v

**verändern***, er verändert,
er veränderte, er hat verändert
**vergessen**, er vergisst, er vergaß,
er hat vergessen

# Grundwortschatz

der **Verkäufer**, die Verkäufer
die **Verkäuferin***, die Verkäuferinnen
**verlassen***, er verlässt, er verließ,
er hat verlassen
**verlieren**, er verliert, er verlor,
er hat verloren
**verstecken**, er versteckt,
er versteckte, er hat versteckt
**verstehen**, er versteht, er verstand,
er hat verstanden
**verwandt**
**verzweifelt**, verzweifelter als,
am verzweifeltsten
**viel**, mehr als, am meisten
**vielleicht**
**vier**
das **Vitamin***, die Vitamine
der **Vogel***, die Vögel
**voll**, voller als, am vollsten
**vom**
**von**
**vorsichtig***, vorsichtiger als,
am vorsichtigsten

## W w

der **Wagen**, die Wagen
**wählen***, er wählt, er wählte,
er hat gewählt
**wahr**
der **Wald**, die Wälder
die **Wand***, die Wände
die **Wanderung***, die Wanderungen
**wann**
**warm***, wärmer als, am wärmsten
**warum**
**waschen***, er wäscht, er wusch,
er hat gewaschen
**wehen***, er weht, er wehte,
er hat geweht
**weinen**, er weint, er weinte,
er hat geweint
**weiß***
**welcher** – welche – welchem –
welchen
**wem**

**wen**
**wenig**
**werden**, er wird, er wurde,
er ist geworden
**werfen**, er wirft, er warf,
er hat geworfen
**wie**
**wieder**
**wiegen***, er wiegt, er wog,
er hat gewogen
**wild***, wilder als, am wildesten
der **Wind***, die Winde
**wissen***, er weiß, er wusste,
er hat gewusst
die **Woche**, die Wochen
**wohnen***, er wohnt, er wohnte,
er hat gewohnt
**wolkig***, wolkiger als, am wolkigsten
die **Wurst**, die Würste
die **Wut***

## Z z

die **Zahl***, die Zahlen
**zahlen***, er zahlt, er zahlte,
er hat gezahlt
**zählen***, er zählt, er zählte,
er hat gezählt
der **Zeh**, die Zehen
**zehn**
die **Zeichnung***, die Zeichnungen
die **Zeitschrift***, die Zeitschriften
die **Zeitung**, die Zeitungen
das **Zelt***, die Zelte
**ziehen**, er zieht, er zog,
er hat gezogen
**zielen**, er zielt, er zielte,
er hat gezielt
das **Zimmer**, die Zimmer
die **Zitrone***, die Zitronen
der **Zoo***, die Zoos
**zu**
**zuletzt**
**zum** – zur
**zurück**
**zusammen**
die **Zwiebel**, die Zwiebeln

# Wichtige Fachbegriffe

| | | Seite |
|---|---|---|
| **Absatz** | Ein Absatz ist ein Textabschnitt. | |
| **Adjektiv** | Adjektive beschreiben, wie jemand oder etwas ist. Manche Adjektive enden auf die Nachsilbe -ig oder -lich: *schön – die schöne Blume; windig, freundlich* | 21, 28, 7̶5̶, 83 |
| **Alphabet** | Das Alphabet wird auch Abc genannt und enthält alle Buchstaben von A bis Z: *Aa, Bb, Cc, Dd …* Im Wörterbuch sind die Wörter alphabetisch geordnet. | 146 |
| **Anführungszeichen** | Anführungszeichen kennzeichnen die wörtliche Rede. *Max sagt: „Ich habe Hunger."* | 52, 59, 53 |
| **Artikel** | Vor Nomen stehen oft die bestimmten Artikel *der, die, das* oder die unbestimmten Artikel *ein, eine*: *der/ein Fisch, die/eine Flasche, das/ein Gesicht* | 10 |
| **Ausrufesatz/ Aufforderungssatz** | Nach Ausrufen oder Aufforderungssätzen steht ein Ausrufezeichen: *O Schreck! Komm her!* | 23, 28 |
| **Aussagesatz** | Am Ende eines Aussagesatzes steht ein Punkt: *Ich gehe nach Hause.* | 22, 23 |
| **Buchstabe** | Das Alphabet enthält alle Buchstaben: *Aa, Bb, Cc …* | 146 |
| **Doppelpunkt** | Der Doppelpunkt steht am Ende des Redebegleitsatzes. *Max sagt: „Ich habe Hunger."* | 52, 53, 59 |
| **Einzahl** | Nomen können in der Einzahl stehen: *der Tisch, die Blume, das Haus* | 10, 16 |
| **Fragesatz** | Am Ende eines Fragesatzes steht ein Fragezeichen: *Wohin gehst du?* | 22, 28 |
| **Gegenwart** | Die Gegenwart ist eine Zeitform, mit der wir Ereignisse beschreiben, die jetzt geschehen: *Ich gehe nach Hause.* | 40, 48, 86, 94 |
| **Grundform** | Verben und Adjektive besitzen eine Grundform. Verben können in der Grundform oder den Personalformen stehen. Die Grundform endet auf -en, -eln oder -ern: *schreiben, radeln, klettern* | 14 |
| | Adjektive können in der Grundform oder den Vergleichsstufen stehen: *schön, schöner als, am schönsten* | 21, 7̶4̶, 28 |
| **Konsonant** | Im Alphabet gibt es 21 Konsonanten: *Bb, Cc, Dd, Ff, Gg, Hh, Jj, Kk, Ll, Mm, Nn, Pp, Qq, Rr, Ss, Tt, Vv, Ww, Xx, Yy, Zz* Wörter in Häuschen C schreiben wir mit Doppelkonsonanten: *rennen, Zimmer* | 14, 42 |
| **Mehrzahl** | Nomen können in der Mehrzahl stehen: *die Tische, die Blumen, die Häuser* | 10, 16 |
| **Nachsilbe** | Nachsilben geben uns Hinweise auf eine Wortart. Nomen: Rett**ung**, Zeit**ung** Adjektive: freund**lich**, wind**ig** | 12, 16, 21, 28 |
| **Nomen** | Nomen sind Namen für Menschen, Tiere, Pflanzen und Dinge, aber auch für Gefühle oder Ereignisse: *Frau, Hund, Baum, Tisch, Glück, Geburtstag* | 10, 31 |
| | Nomen können auf die Nachsilbe -ung enden: *Zeitung, Meinung, Rettung* | 12, 16 |
| **Ortsangabe** | Ortsangaben antworten auf die Fragen „**Wo** …?", „**Wohin** …?", „**Woher** …?": *Sie spielt **im Hof**. Sie geht **in den Hof**. Sie kommt **aus dem Hof**.* | 109, 114 |
| **Personalform** | Verben haben verschiedene Personalformen: *Ich hole, du holst, er holt, wir holen, ihr holt, sie holen* | 14, 16, 1̶7̶ |
| **Prädikat (Satzkern)** | Das Prädikat (Satzkern) ist ein Satzglied. Es kann aus einem oder mehreren Wörtern bestehen. Durch die Frage „Was tut/tun …?" oder „Was geschieht …?" finden wir das Prädikat: *Der Hund bellt. Der Hund hat gebellt. Er hebt das Papier auf.* | 62, 63, 68, 7̶3̶, 82 |
| **Redebegleitsatz** | Der Redebegleitsatz gibt an, wer spricht: ***Max sagt**: „Ich habe Hunger."* | 52, 53, 59 |
| **Satz** | Ein Satz besteht aus mehreren Wörtern und beinhaltet eine Aussage, eine Frage, eine Aufforderung oder einen Ausruf: *Er geht weg. Geht er weg? Geh weg! O Schreck!* | 22, 23, 28 |

# Bildquellenverzeichnis

S. 8 Junge und Mädchen unterhalten sich: © Olesia Bilkei – Fotolia.com; Drei Mädchen unterhalten sich: 2014 © MachineHeadz – iStock International Inc; Junge und Mädchen unterhalten sich: 2009 © eddiesimages – iStock International Inc; Zwei Mädchen unterhalten sich: 2011 © shorrocks – iStock International Inc

S. 14 Junge: © michaeljung – Fotolia.com

S. 17 Aufgeschlagener Ordner: © Mildenberger Verlag

S. 18 Blitz: © Paul Lampard – Fotolia.com; Nebel: © Galyna Andrushko – Fotolia.com; Regen: © Galyna Andrushko – Fotolia.com; Regenbogen: © brusher – Fotolia.com; Schnee: © Pavel Losevsky – Fotolia.com; Sonne, Strand: © Marzanna Syncerz – Fotolia.com; Sturm: © Dmitri Brodski – Fotolia.com; Wolken: © Martina Berg – Fotolia.com; Kind mit Mütze: © denys_kuvaiev – Fotolia.com

S. 24 Schülerin: © Claudia Paulussen – Fotolia.com

S. 27 Aufgeschlagener Ordner: © Mildenberger Verlag

S. 28 Wütendes Mädchen: © Paty Wingrove – Fotolia.com; Streitende Mädchen: © Laurent Hamels – Fotolia.com; Junge hat Angst: © olly – Fotolia.com; An Mauer: © 2007 mikdam – iStock International Inc; Freude, Geschenk: © 2009 AVAVA – iStock International Inc; Jubel Tischtennis: © alephnull – Fotolia.com; Tuscheln: © 2007 aabejon – iStock International Inc; Angst: 2009 © princessdlaf – iStock International Inc

S. 33 Handgeschriebener Brief: © Mildenberger Verlag

S. 35 Aufgeschlagener Ordner: © Mildenberger Verlag

S. 36/37 Wimmelbild „Im Lauf der Zeit – Spiele früher und heute": © ecole-du-regard/Leemage

S. 38 Hertha mit ihrer Mutter: © Iris Zeller; Klassenzimmer: © Museum für ehemals Großherzoglich Badische Schulen, Zell-Weierbach

S. 40 Herthas Familie: © Iris Zeller

S. 47 Aufgeschlagener Ordner: © Mildenberger Verlag

S. 51 Köfte: © merimel – Fotolia.com; Baklava: © Africa Studio – Fotolia.com

S. 53 Junge: © Robert Kneschke – Fotolia.com; Flasche: © donatas1205 – Fotolia.com; Löffel: © volff – Fotolia.com; Mops: © Eric Isselée – Fotolia.com; Schüssel: © suksao – Fotolia.com; Maschine: © donatas1205 – Fotolia.com; Pfanne: © rimglow – Fotolia.com

S. 58 Uhr: © tunedin – Fotolia.com; Wurst: © womue – Fotolia.com; Mädchen zeigt auf Muskel: © grafikplusfoto – Fotolia.com; Kerze: © RTimages – Fotolia.com; Kirsche: © Mike Richter – Fotolia.com; Tür: © by-studio – Fotolia.com; Kirche: © 2011 Claudiad – iStock International Inc; Ohr: © Piotr Marcinski – Fotolia.com

S. 59 Aufgeschlagener Ordner: © Mildenberger Verlag

S. 60 Anstreicher/Maler: © Dmitrijs Dmitrijevs – Fotolia.com; Friseurin: © Szasz-Fabian Erika – Fotolia.com; Köchin: © olly – Fotolia.com; Landwirt: © Graham Taylor – Fotolia.com; Lehrerin: © AVAVA – Fotolia.com; Pilotin: © 2008 © choja – iStock International Inc; Polizist: © Cientotres – Fotolia.com; Ärztin: © 5AM – Fotolia.com; Frau am Computer: © apops – Fotolia.com

S. 62 Handballtrainerin Jana: © Val Thoermer – Fotolia.com

S. 64 Tau: © Stefan Arendt – Fotolia.com; Baumsilhouette: © snyggg.de – Fotolia.com; Eisvogel: © gallas – Fotolia.com; Naturbild Rheinauen: © Gemeinde Rust; Orchidee: © OutdoorPhoto – Fotolia.com; Ranger: © Alexander Schindler – Fotolia.com

S. 66 Feuerwehr Ölsperre: © Freiwillige Feuerwehr Oberrüblingen; Feuerwehr Autounfall: © Markus Bormann – Fotolia.com; Feuerwehr, Hochwasser: © Martina Topf – Fotolia.com; Feuerwehr, löschen rotes Haus: © Licht & Gestalt – Fotolia.com; Alle drei Zettel: © Les Cunliffe – Fotolia.com

S. 69 Aufgeschlagener Ordner: © Mildenberger Verlag

S. 70 Leonardo da Vinci: © 2014 pictore – iStock International Inc; Benz Patent-Motorwagen Nummer 1: schepers_photography – Fotolia.com; Karl Benz: www.commons.wikimedia.org; Louis Braille: © www.wikimedia.de; Holzbrücke Nachbau: © Mildenberger Verlag

S. 71 Benz Patent-Motorwagen Nummer 1: schepers_photography – Fotolia.com; Karl Benz: www.commons.wikimedia.org

S. 72 Berta Benz: © Portrait / 1870 – akg-images

S. 74 Holzbrücke Nachbau: © Mildenberger Verlag; Flugmaschine fliegend: © 2012 mauritius images / Science Photos Library; Flugmaschine stehend: © eZeePics Studio – Fotolia.com; Leonardo da Vinci: © 2014 pictore – iStock International Inc

S. 75 Mona Lisa: © Wikimedia Commons

S. 77 Hände lesen Braille: © Roman Milert – Fotolia.com; Würfel: © Birgit Reith-Hoffmann – Fotolia.com

S. 83 Aufgeschlagener Ordner: © Mildenberger Verlag

S. 84 Aquarium: © Set – Fotolia.com; Hund Labrador: © Isabella-Pechlivantis_pixelio.de; Kaninchen: © wave111_pixelio.de; Katze: © timharman – Fotolia.com; Meerschweinchen: © Travelfish – Fotolia.com; Wellensittich: © sathopper – Fotolia.com

S. 85 Mädchen: © Traumbild –Fotoliacom

S. 89 Mädchen: © WavebreakMediaMicro – Fotolia.com

S. 90 Landschaft: © Irochka – Fotolia.com; Fliegende Fledermaus: © NABU/Klaus Bogon; Hängende Fledermäuse: © adrianciurea69 – Fotolia.com; Eule: © drhfoto – Fotolia.com; Holzhintergrund: © karandaev – Fotolia.com

S. 92 Bau eines Fledermauskastens: © Mildenberger Verlag, Autoren

S. 93 Aufhängen Fledermaus-Nistkasten: © www.all-about-bats.net

S. 95 Bauanleitung Ohrwurmhäuschen: © Mildenberger Verlag, Autoren; Aufgeschlagener Ordner: © Mildenberger Verlag

S. 96 Ameisen: © JPW.Peters_pixelio.de; Bienen: © Heike-Dommnich_pixelio.de; Blaumeise: © Re.Ko._pixelio.de; Hase: © Arkadius-Neumann_pixelio.de; Igel: © Erika-Hartmann_pixelio.de; Kaulquappe: © Wolfgang Staib – Fotolia.com; Libelle: © Katja Egermeier; Marienkäfer: © Andrea-Kusajda_pixelio.de; Schmetterling: © Nikolaus-Schafhuber_pixelio.de

S. 97 Kleiner Wasserfrosch: © Andreas-Depping_pixelio.de

S. 98 Falke: © Marcel Schauer – Fotolia.com; Schwalbe: © Wikimedia Commons; Pfuhlschnepfe: © 2007 DavidMSchrader – iStock International Inc; Gartenrotschwanz: © Okapia/imageBROKER – Fotolia.com; Kiebitz: © 2010 uabels – iStock International Inc; Storch: © Joachim Neumann – Fotolia.com; Schulkind: © Picture-Factory – Fotolia.com

S. 100 Schulkind: © WavebreakMediaMicro – Fotolia.com

S. 101 Mädchen liest: © Serhiy Kobyakov – Fotolia.com

S. 105 Ente: © cynoclub – Fotolia.com; Aufgeschlagener Ordner: © Mildenberger Verlag

S. 106 Kinder im Baumhaus: © grafikplusfoto – Fotolia.com; Burg: © 2012 Marc_Osborne – iStock International Inc; Junge in Ritterrüstung: © 2007 mashabuba – iStock International Inc; Kinder im Sand: © len44ik – Fotolia.com; Kinder in Venedig: © morane – Fotolia.com

S. 107 Rom: © scaliger – Fotolia.com; Junge schaut auf Rom: © Rossella – Fotolia.com; Junge in Hängematte: © Bobo – Fotolia.com; Mädchen im Zoo: © capable97 – Fotolia.com; Kinder genießen Aussicht: © Magalice – Fotolia.com

S. 109 Tower in London: © Stephen Finn – Fotolia.com

S. 110 Venedig: © Alexander – Fotolia.com; Venedig Brücke: © Mapics – Fotolia.com; Straßenlampe: © ork_0013 – Fotolia.com; Mädchen: © mamahoohooba – Fotolia.com

S. 111 Mädchen: © bumann – Fotolia.com

S. 115 Aufgeschlagener Ordner: © Mildenberger Verlag

S. 116 Kinder schauen TV: © OJO Images – Fotolia.com; Mädchen telefoniert: © politica – Fotolia.com; Mädchen im Computer: © odafotograf – Fotolia.com; Junge spielt am Handy: © Picture-Factory – Fotolia.com; Junge hört Radio: © Monkey Business – Fotolia.com; Mädchen liest am Tablet: © WavebreakMediaMicro – Fotolia.com; ... (Schulst...)

S. 118 Junge: © Valua Vitaly – Fotolia.com

S. 119 Karl der Große: © Bibliothèque Nationale de France, http://commons.wikimedia.org

S. 120 Junge: © Valua Vitaly – Fotolia.com

S. 122 Paul Maar: © Doris Poklekowski; Buchtitel SAMS in Gefahr: © Verlag Friedrich Oetinger; Buchtitel SAMS im Glück: © Verlag Friedrich Oetinger; Buchtitel Das Gallier...: © Verlag Friedrich Oetinger; Audio Jede Menge Hörspaß: © Verlag Friedrich Oetinger; Buchtitel Hannes und die Wut im Bauch: © Verlag Friedrich Oetinger; Buchtitel Herr Bello: © Verlag Friedrich Oetinger; Buchtitel Anne will ein Zwilling werden: © Verlag Friedrich Oetinger; ... altes Buch: ©

S. 124 iPad: © bloxx – Fotolia.com; Rotkäppchen im iPad: © rozova – Fotolia.com; ...; Christian Müller – Fotolia.com; brüder Jakob und Wilhelm Grimm: http://oe.wikipedia.org

S. 127 Aufgeschlagener Ordner: © Mildenberger Verlag

S. 131 Ostersituation: © Leyba – Fotolia.com

S. 140 Schnee-Engel: © 2008 Michael Kriske – ...

S. 142 England: © K.F.L. – Fotolia.com; Italien: © constantinos – Fotolia.com; Russland: © Werner Weber – Fotolia.com

S. 143 Frankreich: © Chantal's – Fotolia.com; Musik: © ... – Fotolia.com

S. 144/145 Lehrerin und Schülerin: © Mildenberger Verlag

S. 146 Junge im Rollstuhl: © WavebreakMediaMicro – Fotolia.com; Mädchen mit Brille: © simUG – Fotolia.com

S. 147 Mädchen beim Lernen: © centralwerbetool – Fotolia.com

S. 148 Mädchen beim Lesen: © Syda Productions – Fotolia.com

S. 149 Klassenzimmer scannen: © Mildenberger Verlag

# Liedquellenverzeichnis

S. 128 M + T: volkstümlich aus dem Englischen, T: Heike Schrader ...

S. 132 M + T: César Bresgen (geb. 1913), © Voggenreuther Verlag ...

S. 136 M + T: Johann Gaudenz Frhr. v. Salis-Seewis, „Herbstlied" ...

# Textquellenverzeichnis

S. 131 Buch Ostereier: © Sieglinde Ostermeier; Ab morgen Osterhase: © Sieglinde Ostermeier, „Kinder ...; A frohes Osterfest: © Sieglinde Ostermeier, Bamberg ... und abgedruckt beim Münchner ...

S. 133 aus: © Eugen Gomringer sansys.san.br.com ...

S. 135 „Das Rezept" von Josef Guggenmos, Aus: Josef Gug...

S. 140 Der Winter der ist mir nicht zuwider, © Otto Sin...